Chris Pahl / Karsten Hüttmann (Hg.)
Ich glaube. Wir feiern. Das Leben!

Über die Herausgeber

Chris Pahl ist Projektleiter des Jugendkongresses CHRISTIVAL 2022. Durch seine jahrelange Erfahrung als Jugendreferent in Leipzig kennt er die Fragen von Teens. Sein humorvoller und ehrlicher Schreibstil zeigt sich auch in seinem Jugendandachtsbuch „Gottes Powerbank für dein Leben".

Karsten Hüttmann ist Bereichsleiter im CVJM Deutschland und 1. Vorsitzender des CHRISTIVAL e. V. Sein Herz schlägt für die Vernetzung von Christen. Er ist Mitherausgeber des Teenie-Bibellesekalenders „Start in den Tag". Mit seiner Frau und drei Töchtern lebt er in Kassel.

CHRIS PAHL
KARSTEN HÜTTMANN (HG.)

40 STARKE IMPULSE

Inhalt

#daslebenfeiern Ein Wort vorneweg 9

#ichphilippergleichaus Warum Paulus vor Freude gleich ausflippt 11

#unverdient Gnade – ein Geschenk, das dein Leben verändert 15

#dankbar Für wen bist du dankbar? 20

#eingesperrt Wo bist du unfrei? 23

#heartbeat Für wen oder was schlägt dein Herz? 28

#finishwell Wie man durchhält 32

#zusammen Echte Freundschaften leben 36

#truestory Mutig zum Glauben stehen 42

#jesusliebtdich Abgedroschen oder wahr? 46

#hä Wenn ich nix kapier 50

#goodnews Wie gute Nachrichten gegen Fakenews helfen 55

#furchtlos Wie wird man mutig? 58

#neid Einem schwierigen Gefühl auf den Grund gehen 63

#stark Wie du stark und widerstandsfähig wirst 68

#nofilter Echt und ehrlich leben 73

#shame Kein Grund, sich zu blamieren! 77

#unentschieden Wie du gute Entscheidungen treffen kannst 80

#goingdeep Tiefe Wurzeln schlagen und Halt finden. 84

#trost Wer oder was tröstet dich? 89

#egoschwein Warum Egoismus tödlich ist 93

#gottesbutler Gott dienen – aber wie? 96

#Kreuz Warum Jesus bis zum Äußersten ging 101

#worship Wen oder was verehrst du? 106

#ichkanndasnicht Wie Jesus dich motiviert 110

#raffdich Kann man christlich motzen? 114

#nofame Selbstlos leben – echt jetzt? 118

#spenden Vom Umgang mit Geld und Besitz 121

#lebensfreude Freude, die von innen kommt 126

#böse Wie man mit fiesen Typen umgeht 130

#dubistdu Lebe Gottes Ja zu dir 134

#vorbild Hidden champions 138

#dynamit Eine Kraft, die alles verändert 142

#herzensmenschen Sag ihnen, was sie dir
bedeuten! 147

#peace Weltfrieden: Traum oder Realität? 151

#gottsehen Gott erkennen in allem, was geschieht ... 155

#giftmüllentsorgung Von Fliegenpilzen, Mobbing
und anderen Giftstoffen 161

#vertragen Streit schlichten – so geht's 164

#ehrenmensch Wie man zum Ehrenmenschen
wird 168

#richtiggutleben Wenn aus Überfluss eine
Selbstverständlichkeit wird 173

#gemeinsam Miteinander statt gegeneinander 177

#gnade Wie du gnädig statt gnadenlos lebst 182

#daslebenfeiern

Ein Wort vorneweg

Feierst du gerne? Eher Party mit Tanzen und lauter Musik? Oder lieber Watchparty in kleinem Kreis? Wir, die Herausgeber des Buches, feiern beide sehr gerne. Besonders mit richtig gutem Essen und den besten Freunden.

Doch dann gibt's die Zeiten, in denen ein bescheuerter Virus, eine fiese Krankheit, eine schmerzhafte Trennung oder respektlose Mitmenschen einem jede Chance oder Lust auf Feiern nehmen. Das Leben besteht leider nicht nur auch den Hochs, sondern auch aus Tiefs – und jeder Menge Alltag.

Dieses Buch ist für alle Phasen des Lebens gedacht! Für die Momente, in denen du fröhlich durch die Wohnung springen willst, für die „Lasst mich alle in Ruhe"-Momente – und die vielen stinknormalen Zeiten, in denen nichts Aufregendes passiert.

Auch der Apostel Paulus kannte in seinem Leben die ganze Palette an Gefühlen. Er erlebte echte Höhenflieger-Momente, hatte aber auch eine Menge Probleme und Schwierigkeiten zu bewältigen. In den Andachten in diesem Buch dreht sich alles um Gedanken aus dem Brief des Paulus an die Leute in Philippi. Es geht um den Umgang mit Schmerz. Darum, wie man durchhält und wofür es sich lohnt zu kämpfen. Um Dankbarkeit. Um Vertrauen und Mut. Um echte Freundschaft. Um Freude und die Hoffnung – darum, wie Jesus, der sich selbst als „das Leben" bezeichnet, dich wirklich lebendig machen kann.

„Ich glaube. Wir feiern. Das Leben!", so lautet der Claim des CHRISTIVAL2022, das wir mit auf die Beine gestellt haben. Wir – Chris und Karsten – und die Autoren der Impulse in diesem Buch feiern gemeinsam Jesus, weil wir an seine Kraft glauben und weil wir sie alle schon in unserem Leben erlebt haben.

Lies und entdecke selbst, was wir mit Gott erlebt haben und was Gott für dich bereithält! Dieses Buch ist rund um das große Jugend-Event entstanden, aber es wird auch ganz unabhängig davon – beziehungsweise noch lange danach – tiefe Wahrheiten in dein Leben bringen.

Apropos feiern: Wir feiern es, dass du dieses Buch liest! Und wir freuen uns über Feedback über die CHRISTIVAL-Instagram Seite. (Auf www.christival.de findest du übrigens noch vier Bonusandachten – zusätzlich zu den 40 in diesem Buch. Schau gern mal vorbei!)

Und jetzt entdecke mit uns das Leben! Viel Spaß beim Schmökern!

Karsten Hüttmann und Chris Pahl leiten das CHRISTIVAL22 und haben die besten Autoren für dieses Buch gesucht und gefunden.

#ichphilippergleichaus

Warum Paulus vor Freude gleich ausflippt

Kennst du das? Du gibst dir Mühe, strengst dich an, meinst es gut und willst nur das Beste für andere. Aber irgendwelche Leute akzeptieren oder verstehen das einfach nicht. Sie hinterfragen deine Motive, machen Witze auf deine Kosten. Sie lästern und mobben dich. So was kann extrem frustrierend sein.

Seit ich (Karsten) Christ geworden bin – und andere wissen, dass ich Jesus-Nachfolger bin –, erlebe ich immer wieder, wie sich das anfühlt, von anderen komisch angeguckt zu werden oder blöde Kommentare einstecken zu müssen. Und aus vielen Gesprächen weiß ich: Das geht nicht nur mir so.

Schon der Apostel Paulus kannte das nur zu gut. „Ich will es gut machen, andere stört das massiv und greifen mich dafür an. Aber ich will mich davon nicht fertigmachen lassen." Das ist die Botschaft, die er den damaligen Christen in Philippi in einem ausführlichen Brief schreibt.

Wer war eigentlich dieser Paulus?
Paulus war als junger Mann ein eifriger und gefürchteter Christenverfolger gewesen, aber dann durch ein krass-

übernatürliches Erlebnis zum Glauben gekommen. Seitdem reiste er umher, um den Leuten von Jesus zu erzählen. Auf seiner zweiten Missionsreise kam er in die Stadt Philippi, eine wichtige Handelsstadt, die im heutigen Griechenland liegt. Und das Besondere: In Philippi entstand die erste Gemeinde auf dem europäischen Kontinent. Eine Gemeinde, die vor allem geprägt war von sogenannten „Heidenchristen", also Christen, die keinen jüdischen Hintergrund hatten. Und es war auch eine Gemeinde, in der Frauen eine wichtige Rolle spielten. Lydia, eine Unternehmerin, war die Erste, die in Philippi zum Glauben an Jesus fand, und in ihrem Haus traf sich anfangs die noch kleine Gemeinde. Ungefähr drei Monate lebte Paulus in der Stadt, und in dieser Zeit entwickelte sich ein besonders enges Verhältnis zu den Menschen dort und der Gemeinde. Die Leute waren ihm so richtig ans Herz gewachsen.

Rund zehn Jahre später geriet Paulus in Schwierigkeiten: Man inhaftierte ihn, weil er überall von Jesus erzählte – und viele Menschen dadurch zum Glauben kamen. In diesem Buch wirst du öfter von Knast und Zellen und Gitterstäben lesen. Eventuell saß Paulus aber nicht in einer feuchten, muffigen Kerkerzelle, sondern befand sich in einer Art strengem Hausarrest, angekettet an einen römischen Soldaten, und wartete auf seinen Prozess, bei dem ihm die Todesstrafe drohte. So oder so hatte Paulus eigentlich keinen Grund zur Freude. In genau dieser Situation entstand der Philipperbrief, den du in der Bibel ziemlich weit hinten im Neuen Testament findest.

„Leute, freut euch!"
Um seinen Freunden in Philippi, die ihm Geld und andere Dinge geschickt hatten, mal so richtig ausführlich Danke zu sagen, fing Paulus an, diesen Brief zu schreiben. Natürlich erzählte er auch von seiner Haft. Doch je mehr er über seine schwere Situation nachdachte, umso mehr freute er sich – trotz der Umstände, in denen er sich befand. Krass, oder?

Sechzehn Mal geht es in dem Brief um Freude. Also in etwa jedem siebten Vers.

Sechzehn Mal hätte Paulus heute #ichphilippergleichaus gepostet.

Stell dir vor, in einem Fußballspiel würde alle sieben Minuten ein Tor fallen. So bekommst du eine Ahnung davon, wie dominant die Freude in seinem Brief ist. Paulus freute sich über seine Freunde in Philippi, über ihren Glauben – und dass sie so eng miteinander verbunden waren und füreinander sorgten. Er freute sich über die Möglichkeit, auch in der Haft von Jesus erzählen zu können. Und weil er sich selber so dolle freute, sollten sich auch die Leute in Philippi freuen.

Natürlich gab es für ihn auch noch andere Dinge, die er ansprechen wollte: vor allem das Thema seines Lebens: Jesus. Und dann noch anderes, wie zum Beispiel den Konflikt zwischen zwei Frauen in der Gemeinde oder die Krankheit eines Mitarbeitenden. Und vielleicht gerade weil er so eng mit den Leuten in der Gemeinde verbunden war, erzählte er ihnen auch ausführlich, wie es ihm grad ging – innerlich und äußerlich. So entstand der vermutlich persönlichste Brief, den Paulus je an eine Gemeinde geschickt hat.

Gerade dieser persönliche Aspekt gefällt mir an dem Brief. Und mir gefällt auch, dass Paulus mich an so vielen Stellen daran erinnert, die Freude nicht zu vergessen. Gerade dann, wenn die Geschwindigkeit und der Druck in meinem Leben zunehmen und die Freude zu zerquetschen droht. Wenn Shoppen oder Schokolade nur kurzfristig Erleichterung bringen. Paulus hatte erlebt, woher sein tiefes Gefühl von Freude kam: aus seinem festen Glauben an Jesus – und aus dem, was dieser Jesus für ihn getan hatte. Und aus der liebevollen Gemeinschaft mit anderen Christinnen und Christen sowie aus seiner Hingabe an seine Mitmenschen.

Genau deshalb ist der Philipperbrief für uns heute noch genauso interessant und relevant wie damals für die Menschen in Philippi – weil er auch für dich und mich eine Art Anleitung zur Freude ist.

Worüber kannst du dich gerade freuen – auch wenn momentan nicht alles glattläuft bei dir? Denk mal kurz darüber nach. Und dann komm mit auf die Reise durch den Philipper-Brief...

Karsten Hüttmann arbeitet beim CVJM Deutschland und ist Vorsitzender des CHRISTIVAL. Er liebt griechisches Essen und liest normalerweise nicht die Briefe von anderen Leuten.

#unverdient

Gnade – ein Geschenk, das dein Leben verändert

> **Paulus mit Timotheus**
> Wir wünschen euch Gnade und Frieden von Gott, unserem Vater, und dem Herrn Jesus Christus.
> >> Philipper 1,2 ✓✓

Mit dem Frieden – seinem inneren Frieden – ist es schlagartig vorbei. Der Zehnjährige starrt auf sein Handy-Display. Dort erscheint eine für ihn unfassbare Zahl. Ihm wird heiß und kalt zugleich; sein Herz schlägt ihm bis zum Hals. Wie soll er das seinen Eltern erklären? Wie soll er erklären, was er selbst nicht versteht?

Tage später findet sich auf Ebay-Kleinanzeigen folgender Text: „Unser zehnjähriger Sohn hat unbewusst über 1.000 Euro für ‚In-App-Käufe' ausgegeben. Nun möchte und muss er das irgendwie zurückzahlen. Er bietet seine heiß geliebte Mütze mit Original-Autogrammen von Jogi Löw,

Philipp Lahm, Oliver Bierhoff und vielen anderen Fußballspielern zum Kauf an. Wir sehen keine andere Möglichkeit!" Das schreiben die Eltern und stellen das Bild einer schwarz-weiß gestreiften Mütze dazu ein. Beim Preis steht nur: „Verhandlungsbasis".

Manchmal gibt es nur wenig zu verhandeln. Dann sprechen die Fakten für sich, stehen eiskalt gegen uns, wie nackte Zahlen, mit einem dicken Minus vorne dran. Bewusst oder unbewusst: Wir verschulden uns alle. Jede und jeder auf seine Weise und bei Weitem nicht nur mit Geld. Dann ist klar: Wir müssen dafür gradestehen. Das gilt für die kleinen Dinge des Alltags – wie Lügen, Unaufrichtigkeit oder fiese Gedanken – genauso wie für unser ganzes Leben. Irgendwann bekommen wir auf irgendeine Art und Weise die Rechnung für das, was wir hier auf der Erde verbockt haben. Aber wie soll man das bezahlen?

Weit entfernt vom Wohnort des zehnjährigen Jungen, der seine geliebte Mütze zum Kauf anbietet, liest ein Mann in Hamburg die Nachricht auf Ebay. Marcel Rolf, so sein Künstlername im Netz, kennt den zehnjährigen Jungen nicht – aber seine Geschichte berührt ihn. Er trifft eine Entscheidung. Eine, die den Jungen aus seiner fatalen Situation reißen soll…

Gar nicht so weit von uns entfernt sieht Gott längst deine und meine Situation. Er kennt uns. Er weiß, dass wir uns heillos verrannt haben in den Irrwegen des Lebens. Und er hat längst eine Aktion ins Rollen gebracht, die uns aus dem Schlamassel herausreißen wird.

Für den Zehnjährigen, der sich mit ein paar Klicks total verzockt hat, startet Marcel Rolf unter seinen Freunden

eine Sammelaktion. Die sogenannte „Rolfarmy" legt innerhalb weniger Stunden über 1.100 Euro zusammen, um die Mütze mit den Unterschriften der Fußballstars aufzukaufen. Tage später wird das Geld der finanziell in Not geratenen Familie direkt aufs Konto überwiesen. Sie können es nicht fassen – und trauen ihren Augen nicht! Sie atmen auf. Der Tag ist gerettet und die heiß geliebte Mütze wechselt den Besitzer.

Aber die dickste Überraschung steht noch aus. Denn noch bevor der erste Spenden-Euro eingegangen war, hatte Marcel Rolf gegenüber seinen Freunden seinen Plan offengelegt: „Wir werden die Mütze kaufen und dem Jungen an seinem Geburtstag als Überraschung wieder zurückschicken. Der Junge soll erleben, was es heißt, dass jemand Gnade vor Recht ergehen lässt."

Gnade vor Recht gehen lassen – also Nachsicht üben, obwohl man eigentlich Strafe verdient hätte oder die Rechnung bezahlen müsste – das tut auch Gott. Aber seine Rettungsaktion für uns läuft nicht über einen Spendenaufruf. Bei ihm geht es um viel mehr als um finanzielle Schulden. Nichts, was Menschen jemals zusammenlegen könnten, würde uns nützen. Darum nimmt in unserem Fall der König dieser Welt die Sache selbst in die Hand. Er kommt in Jesus Christus als Mensch zur Welt und startet so eine Rettungsaktion, die in ihrer Dimension unvergleichlich ist. Sie kostet ihn das Leben – aber die Rechnung geht auf. Unser Konto kommt vom dicken Minus ins satte Plus.

Was das bedeutet, ist eigentlich unvorstellbar. Oder kannst du das begreifen, warum Gott sich so für dich und mich aufopfert? Wir werden es erst erfassen, wenn eines

Tages für alle sichtbar wird: Gott hat durch Jesus Christus Gnade vor Recht ergehen lassen und wir sind die Beschenkten. Frieden und Erleichterung werden sich in uns und um uns herum ausbreiten, weil Gott gehandelt hat. Das zu wissen verändert für uns heute schon alles – in diesem Leben und darüber hinaus – für Zeit und Ewigkeit.

#dosomething

Paulus schreibt den Christen in Philippi zuallererst: „Gnade und Frieden von Gott, unsrem Vater, und dem Herrn Jesus Christus." Und das aus gutem Grund. Denn was für einen Frieden Gottes Gnade im eigenen Leben auslösen kann, weiß kein anderer besser als Paulus selbst. Die große Rettungsaktion Gottes hat sein Leben unfassbar verändert. Kennst du seine Geschichte? Wenn nicht, dann lies sie mal. „Vom Christenhasser zum Jesusnachfolger" könnte man sie betiteln. Die Kurzfassung findest du in Apostelgeschichte 9, Verse 1–31. Nimm dir zehn Minuten, such dir ein gemütliches Plätzchen und tauch ein in das Leben von Paulus. Und dann überleg mal: Wenn Gottes Gnade das Leben von einem Typen wie Paulus so krass verändern kann, dann kann sie das in deinem Leben auch – ganz sicher!

Dieter Braun ist Fachlicher Leiter im Evangelischen Jugendwerk in Württemberg und empfindet es als besonderen Teil der unverdienten Gnade Gottes, früh am Morgen eine duftende, heiße Tasse Kaffee in der Hand halten zu können und dazu ein frisches, französisches Butter-Croissant zu genießen.

#dankbar

Für wen bist du dankbar?

> **Paulus**
> Jedes Mal, wenn ich im Gebet an euch denke, danke ich meinem Gott für euch alle.
> \>> Philipper 1,3 ✓✓

„Danken schützt vor Wanken, Loben zieht nach oben." So lautet ein etwas altertümlich klingendes Sprichwort. Die Aussage ist klar – wenn wir eine dankbare Haltung haben, dann verändert sich unsere Sichtweise aufs Leben. Wir werden glücklicher und zufriedener. Hast du schon mal jemanden getroffen, der so richtig dankbar war? Ansteckend, oder? Vielleicht kennst du aber auch jemanden, der immer alles kritisiert und rumnörgelt? Wie glücklich würdest du diese Person einschätzen?

Dankbarkeit ist der Schlüssel für ein zufriedenes Leben. Trotzdem ist das manchmal ganz schön schwer. Viel einfacher fällt es uns doch oft, über das zu sprechen, was wir doof finden. Über das, was wir unbedingt noch gerne hätten oder was uns unzufrieden macht. Das kann uns – aber auch die anderen um uns herum – ganz schön runterziehen. Komplett anders macht es Paulus in dem obigen Vers. Er schreibt einen Brief an seine Freunde in Philippi und startet damit, dass er ihnen sagt, wie dankbar er für sie ist. Und nicht nur das! Er schreibt, dass er Gott jedes Mal für sie dankt, wenn er im Gebet an sie denkt. Das heißt, Paulus lebt Dankbarkeit gleich dreifach: Er persönlich ist dankbar für seine Freunde, er sagt Gott dafür Danke, und er behält diese Dankbarkeit nicht für sich, sondern teilt sie mit seinen Freunden. Wow!

Als Paulus das schreibt, sitzt er gerade im Gefängnis. Er hätte allen Grund, mürrisch und undankbar zu sein. Die Zelle war sicher ungemütlich, das Essen vermutlich schlecht und alleine eingesperrt zu sein ist eine sehr einsame Angelegenheit. Trotzdem lässt er sich von den äußeren Umständen nicht runterziehen und versinkt nicht in Selbstmitleid. Er lebt Dankbarkeit und teilt sie mit anderen. Und er erlebt, dass „Danken vor Wanken" schützt, also davor, den Blick auf Jesus und auf ein zufriedenes Leben zu verlieren.

Unsere Dankbarkeit braucht eine Adresse. Paulus wendet sich an den, dem er dankbar ist. Er spricht mit Gott darüber, weil er weiß, dass alles von ihm kommt. Wann hast du Gott das letzte Mal Danke gesagt für das, was du hast, aber ganz gezielt auch für deine Freunde? Es tut gut, Danke zu sagen, und Gott freut sich darüber!

Paulus geht noch einen Schritt weiter. Die Dankbarkeit bleibt nicht nur in seinem Herzen, sondern er teilt sie auch mit seinen Freunden. Hast du schon mal erlebt, dass jemand zu dir sagt: „Du, ich bin total dankbar für dich"? Wie hast du dich da gefühlt? Oder hast du das selbst schon mal zu jemandem gesagt? Wie war die Reaktion? So etwas gesagt zu bekommen, tut richtig gut, und wir fühlen uns geliebt und wertvoll. Das macht gute Laune und lässt uns selbst dankbar werden.

Dankbar zu sein ist gut – Dankbarkeit zu teilen ist noch besser. Denn dann zieht sie nicht nur uns nach oben, sondern auch die anderen. Es verändert unsere Beziehungen. Ich ermutige dich, dir heute mal ganz bewusst Zeit zu nehmen, um deine Dankbarkeit an Gott zu richten und sie anschließend mit anderen zu teilen.

#dosomething

Schreibe eine Liste mit den Namen der Leute, für die du dankbar bist: Freunde, Familie und wer dir sonst noch einfällt. Danke Gott für jede einzelne Person auf deiner Liste. Nimm dir anschließend Zeit, das deinen Freunden und Familienmitgliedern auch persönlich zu sagen. Dafür hast du ganz viele Möglichkeiten: in einem persönlichen Gespräch, per Sprachnachricht, indem du eine Karte schreibst... Deiner Kreativität sind keine Grenzen gesetzt!

Barbara Hurst ist Missionarin bei OM International und super-dankbar für ihre Freunde, mit denen sie am liebsten mit einem Kaffee in der Hand tiefe Gespräche führt.

#eingesperrt
Wo bist du unfrei?

> **Paulus**
> Auch wenn ich jetzt im Gefängnis bin und vor Gericht die Wahrheit der rettenden Botschaft bezeuge – ihr alle habt Anteil an diesem Auftrag und an der Gnade, die Gott mir damit erweist.
> \>> Philipper 1,7; Hfa ✓✓

Gitterstäbe
Paulus sitzt in seinem Leben immer wieder in Gefängnissen. Als er den Philipperbrief schrieb, vermutlich in einem Knast in Ephesus. Aber kein Gefängnisgitter, kein kalter und dreckiger Boden – selbst das dunkelste Verlies nicht – hält ihn davon ab, für seine Überzeugungen einzustehen und die Gute Nachricht, die ihn selbst so verändert hat, weiterzugeben. Dabei war seine Situation wirklich ernst und bedrohlich. Paulus war lahmgelegt. Er wurde gegen seinen Willen festgehalten. Meistens bekamen die Gefangenen damals

keine Verpflegung von den Wärtern, und natürlich konnte Paulus auch nicht länger von seinem Job leben, mit dem er seinen Lebensunterhalt verdiente – als Zeltmacher. Paulus war auf Hilfe angewiesen, sonst wäre er dort verhungert. Er brauchte die Hilfe von Menschen, die ihn genauso in sein Herz aufgenommen hatten wie er sie.

Wo bist du unfrei?
Was legt dich lahm? Wo hast du das Gefühl, dass dir jemand Ketten angelegt hat und du dich nicht frei bewegen kannst? Was hält dich zurück und macht dich klein? Wo wünschst du dir Weite, die Freiheit, das zu tun, was du wirklich möchtest? Dein Wunsch ist, schnellstmöglich frei zu werden, aber deine Realität sieht anders aus. Draußen vor den Gitterstäben, die dich einengen, scheint die Sonne, ist es hell und warm. Doch in deinem Verlies erhaschst du nur einen Strahl, für einen kurzen Moment. Jeder Versuch, dich zu befreien, ist bislang gescheitert. Die Tür ist verrammelt, und der dreckige, kalte Boden lässt dich erstarren.

Vermutlich sitzt du nicht wirklich in einem Gefängnis. Es ist mehr eine innere Barriere, die du nicht überwinden kannst. Egal, was du tust: Es scheint vergeblich zu sein. Früher habe ich mich als Teenager nicht getraut, zu meinem Glauben zu stehen, habe versucht, es zu verheimlichen. Vielleicht steckst du aber auch woanders in deinem Leben in der Klemme, etwa, weil du süchtig bist und damit einfach nicht aufhören kannst. Oder du denkst ständig schlecht über dich und kannst dich von diesen Gedanken einfach nicht befreien. Oder du hast das Gefühl, Angst hält dich gefangen.

Unfrei und doch frei sein
Obwohl Paulus unfrei ist, ist er in seinem tiefsten Inneren dennoch frei. Frei, das zu sagen, wovon er überzeugt ist. Frei durch Jesus und durch das, was Jesus für ihn und uns alle getan hat. Frei von dem Druck, die religiösen Gesetze zu halten, nach denen er sich sein Leben lang ausgerichtet hatte. Frei von der Last, andere zu verurteilen. Die Gnade, die Paulus durch Jesus entdeckt hat, hat ihn freigemacht. Die Umstände, in denen er jetzt gerade ist, spielen für ihn nicht die entscheidende Rolle. Er hätte sich vermutlich auch gewünscht, nicht eingesperrt zu sein. Aber das Gefängnis macht ihn nur in einem bestimmten Rahmen unfrei. Er ist eingesperrt – und trotzdem frei.

Getragen sein
Kommen wir zurück zu dir. Auch du kannst frei sein. Frei von der Scham, dass du in einem bestimmten Lebensbereich unfrei bist. Versuche mal herauszufinden, warum Paulus für sich sagen konnte, dass er trotz allem frei ist, und warum er so viel von Freude spricht. (Lies mal Philipper 1,12–20 im Zusammenhang.)

Denk immer daran: Die Ketten, die du jetzt in deinem Leben spürst, haben nicht das letzte Wort. Sie mögen dich gerade fesseln, klein- und kurzhalten, aber sie haben nicht das Recht, dich zu bestimmen. Du kannst deine Unfreiheit besiegen. Nicht allein, aber mit Freunden, die dich unterstützen, und du kannst und darfst – wie Paulus – auch Hilfe von außen in Anspruch nehmen. Und das Wichtigste: Du hast Jesus an deiner Seite, der dir beisteht; der dir hilft, die Situation auszuhalten, und der möchte, dass du, so wie

Paulus, trotzdem Freude erleben kannst und dich nicht von deinen Umständen komplett lahmlegen lässt.

Steh auf und lebe! Lebe für das, wovon du überzeugt bist. Lass dich nicht kleinkriegen. Und mach dir bewusst, dass der, der dich groß macht und der *für* dich ist, auch schon durch dunkle Täler gegangen ist. Jesus wurde auch gefangen genommen, er wurde verspottet und letztlich sogar gekreuzigt. Das war für ihn eine extrem schwere Situation, aber für uns hat das die Freiheit gebracht: Durch ihn dürfen wir frei sein von der Sünde, von eigennützigem Denken, von der Last, die uns runterzieht – und frei von Tod und Zerstörung. Diese Freiheit ist Realität, auch wenn wir noch in unfreien Umständen leben. Und darum können wir wie Paulus von der Freude erzählen und durch Jesus hoffnungsvoll leben.

#dosomething

Schau dir heute (vielleicht auch zusammen mit anderen) einen Film über Freiheit an und lass dich von der Sehnsucht nach Freiheit mitreißen. Folgende Filme könntest du angucken: „Free Willy", „Into the wild", „Madagascar", „Harriet" oder ähnliche.

Gehe deine Unfreiheit an, indem du beim Filmgucken immer wieder über deine Situation nachdenkst. Mach dafür alle 20 bis 30 Minuten eine kurze Pause, und notier dir, was dir gerade durch den Kopf geht. Überlege dir nach dem Filmschauen einen ersten konkreten Schritt in deine persönliche Freiheit.

Ingo Müller ist Referent für Team-EC und Teenagerarbeit beim Deutschen EC-Verband und liebt es, in einem Escape Game zu entkommen.

#heartbeat

Für wen oder was schlägt dein Herz?

> **Paulus**
> Es ist ja nur richtig, dass ich so über euch alle denke. Denn ich habe euch ins Herz geschlossen. Egal, ob ich im Gefängnis sitze oder vor Gericht die Gute Nachricht verteidige und für sie eintrete: Ihr alle erhaltet zusammen mit mir Anteil an der Gnade, die Gott mir schenkt.
> \>> Philipper 1,7

Bevor du weiterliest: Leg mal kurz deine Hand aufs Herz und versuch deinen Herzschlag zu spüren. Und jetzt überlege dir: Für wen oder was schlägt dein Herz? Wer ist dir wichtig? Was begeistert dich? Wer oder was zaubert dir beim Nachdenken ein Lächeln ins Gesicht? Gute Musik, Sport oder coole Kleidung? Oder jemand, den du super findest? Oder etwas ganz anderes?

Paulus hatte einen krassen Heartbeat. Sein Herz schlug ganz klar für Jesus und für andere Menschen. Es überwäl-

tigte ihn, dass da einer ist, der ihn bedingungslos liebt – trotz seiner Fehler, Schwächen und schlechten Taten, die seine Vergangenheit prägten. Paulus war regelrecht sprachlos, dass da jemand sein Leben für ihn eingesetzt hat, um ihm zu vergeben. Das hat ihn so gepackt, dass er alles gab, damit andere von seiner Begeisterung für Jesus angesteckt wurden. Paulus wusste, dass es Gottes absoluter Wunsch ist, dass alle Menschen auf der Welt von seiner Liebe erfahren. Egal, welcher Nationalität oder Kultur sie angehören. Deshalb hat er verschiedene Missionsreisen unternommen und ist zum Beispiel auch in Philippi vorbeigekommen. Die Menschen, die dort zum Glauben gekommen waren, hatte Paulus ganz besonders ins Herz geschlossen und sie immer wieder im Glauben ermutigt und unterstützt. Er war stolz auf sie und darauf, dass sie am Glauben dranblieben. Paulus ist seinem Herzschlag – sich für Jesus und andere einzusetzen – stets treu geblieben. Unabhängig von den Umständen, und sogar dann, als er ins Gefängnis gesteckt wurde.

Letztens wurde mir bei einer Jugendveranstaltung zur Begrüßung genau diese Frage gestellt: „Was begeistert dich?" Mir sind da spontan total viele Dinge in den Kopf gekommen: Ich liebe Sport, schraube gerne an meinem Motorrad, ich liebe Jesus und es fasziniert mich, wie er Menschen verändert ... Ich kann mich für sehr viele Dinge begeistern. Manchmal merke ich allerdings im Trubel meines Alltags nicht mehr, was mir *wirklich* wichtig ist. Wofür im Tiefsten mein Herz schlägt. Vielleicht ging es Paulus ja so wie mir. Vielleicht hatte er auch viele Sachen, für die er sich begeistern konnte. Woher wusste er dann, worauf er seinen Fokus richten sollte?

Er hörte auf Gott. Auf seinen Heartbeat, auf das, was Gott ihm ins Herz gelegt hatte. Er wusste: Gott wünscht sich nichts mehr, als dass alle Menschen ihm nahe sind, von seiner Liebe hören und ihm ganz vertrauen, „dass alle Menschen gerettet werden und zur Erkenntnis der Wahrheit gelangen", wie es in 1. Timotheus 2,4 heißt.

Und das wünscht Gott sich für dich, für deine Freunde und deine Familie, aber auch für die Menschen in Simbabwe, Thailand oder Kuba. Für alle Menschen. Auf der ganzen Welt. Für alle 7,8 Milliarden Menschen. Und die meisten von ihnen haben Gottes Botschaft noch nicht gehört. Gott möchte diesen Menschen begegnen. Und er möchte dich dabeihaben! Gott wünscht sich, dass wir wie Paulus andere Menschen ins Herz schließen. Dass wir Teil seines Teams werden, Gottes Liebe verschenken und davon weitererzählen.

#dosomething

Weißt du, wofür dein Herz schlägt? Und für wen? Vielleicht möchtest du Gott ja darum bitten, dass er dir seinen Herzschlag zeigt. Auf der nächsten Seite siehst du ein großes Herz. Schnapp dir ein paar Stifte und mal die einzelnen Teile aus. Nebenbei denke über die Frage nach, für wen oder was dein Herz schlagen soll.

Anschließend kannst du in dein ausgemaltes Herz einige Namen reinschreiben. Check doch mal dein Umfeld: Wer sind die, für die du dich einsetzen möchtest? Schreib ihre Namen in die einzelnen Felder und bete für die Personen. Und überlege, was du ihnen diese Woche Gutes tun kannst. Vielleicht willst du auch ein paar Länder oder Kontinente notieren, für die du beten möchtest, damit dort Menschen von Gottes Liebe erfahren?

Désirée Schad ist die Leiterin von „Coworkers Freiwillige" und ihr Herz schlägt für Berge, Motorräder und Jesus.

#finishwell
Wie man durchhält

> **Paulus**
> Ich bin ganz sicher, dass Gott sein gutes Werk, das er bei euch begonnen hat, zu Ende führen wird, bis zu dem Tag, an dem Jesus Christus kommt.
> \>> Philipper 1,6; Hfa ✓✓

Kennst du das auch? Du beginnst mit einer neuen Sache, voller Neugier und Begeisterung. Doch dann gibst du es irgendwann frustriert wieder auf. Du fängst zum Beispiel an, ein Musikinstrument zu spielen, bist total begeistert, aber nach wenigen Unterrichtsstunden denkst du: „Das lerne ich ja nie!", oder hast einfach keinen Bock mehr. Oder du nimmst dir vor, dieses Mal regelmäßig für die nächste Klausur zu üben, nicht wieder auf den letzten Drücker, damit du die Arbeit nicht noch mal in den Sand setzt.

Warum beginnen wir Dinge und hören dann wieder damit auf? Warum schieben wir Sachen so lange wie möglich vor uns her? Vielleicht aus Angst vor Versagen, vielleicht, weil uns der lange Atem – die Ausdauer – fehlt. Oder vielleicht auch die Motivation, also der Antrieb, *wofür* wir die Sache machen. Ganz oft liegt es ja gar nicht am guten Willen, sondern eher daran, dass wir die Ergebnisse unseres Bemühens erst viel später sehen. Doch genau darin liegt die Challenge.

Paulus schreibt an die Philipper: „Hey, Leute, Gott hat sein gutes Werk bei euch begonnen – und das wird er auch zu Ende führen!" Gott hört nicht mittendrin auf, weil ihm die Puste ausgeht oder weil er keinen Bock mehr hat. Und das gilt auch für mich und dich: Sein gutes Werk, das er mit dir und mir angefangen hat, wird er zu Ende bringen. Nicht, weil ich so toll begabt oder so motiviert oder diszipliniert bin, sondern weil *Gott* mir helfen wird. Es ist seine Zusage.

Ich habe mir schon öfter die Frage gestellt, was es für mich bedeuten kann, bis zum Ende des Lebens gut mit Gott zu laufen, durchzuhalten – und am Ziel anzukommen. Ich wollte selbst das #finishwell schon mal erleben …

Ich bin eher der unsportliche Typ, aber 2018 nahm ich mir erstmalig vor, einmal einen offiziellen 5-Kilometer-Lauf mit tausenden Anderen zu erleben und selbst an den Start zu gehen. Ich wollte wissen, wie sich das anfühlt, über die Ziellinie zu laufen. Ich wollte das Ende erreichen. Dafür musste ich trainieren, meine Ernährung umstellen und mich immer wieder überwinden, rauszugehen und zu üben. Bei Wind und Wetter. Nach vier Monaten des Übens kam dann der große Tag. Ich war mega-aufgeregt. *Hoffentlich bekomme ich keinen Krampf! Hoffentlich mache ich nicht schlapp!*, dachte ich.

Ich bin an diesem Tag sicherlich nicht meine Bestzeit gelaufen, aber das Wichtigste: Ich habe durchgehalten und bin strahlend über die Ziellinie gelaufen. Es war ein fantastisches Gefühl!

Während der Olympischen Spiele 1992 gab es eine Story, die mich sehr berührt hat (schau's dir mal auf YouTube an): Derek Redmond bekommt während seines Laufes einen Krampf, bricht zusammen und kann nicht mehr weiterlaufen. Er rappelt sich mühsam wieder auf und humpelt weiter. Sein Vater springt über die Abgrenzung, nimmt seinen Sohn in den Arm und gemeinsam humpeln sie über die Ziellinie. Was für eine großartige Geschichte!

Um durchzuhalten und über die Ziellinie zu kommen – selbst wenn es manchmal nur noch humpelnd ist – benötigen wir den Zuspruch Gottes und Freunde, die an uns glauben und uns anfeuern, wenn wir kraftlos werden, nicht mehr weiterwissen und aufgeben wollen. Aber genauso wichtig ist, dass wir wissen, *wofür* beziehungsweise *für wen* wir das alles machen. Wir dürfen mit Gott unterwegs sein, auf seine Stimme hören und ihm nachfolgen. Und er kümmert sich darum, dass wir die Ziellinie erreichen und bis ans Ende des Lebens durchhalten. Er ist es, für den sich unser Einsatz lohnt!

Und das vielleicht Verrückte ist: Paulus sagt, dass er sich ganz sicher ist, dass Gott es machen wird. Er weiß: *Es wird passieren.* Er hätte ja auch sagen können: „bei manchen von euch" oder „bei ganz besonderen Menschen", aber nein, diese Zusage im Wort Gottes gilt für jeden, der mit Gott unterwegs ist. Für mich und für dich!

Für immer! Bis Jesus wiederkommt.

#dosomething

Verabrede dich mit einer guten Freundin bzw. einem guten Freund oder Mentor/in für einen Lauf oder einen Spaziergang. Besprecht vorher, welche Distanz ihr miteinander erreichen wollt. Während ihr miteinander unterwegs seid, überlegt doch gemeinsam, wo Gott mit euch sein Werk weiter fortführen möchte:

- Wo sind wichtige Dinge auf der Strecke geblieben?
- Welchen Stein möchte Gott in deinem Leben ins Rollen bringen? (Für diese Dinge suche dir einen Stein, benenne, was auf der Strecke geblieben ist und was du mit Gottes Hilfe voranbringen willst. Lege den Stein auf dem Weg ab.)
- Besprecht miteinander, wie ihr euch die nächsten Wochen und Monate unterstützen wollt, um diesen Zielen näherzukommen. Allein geht man ein, zu zweit geht man weiter!

Evi Rodemann unterstützt mit ihrem Verein LeadNow junge Leitende in ganz Europa, damit sie gut durchhalten und den Lauf vollenden. Dabei stolpert sie manchmal selbst, aber steht mit Gottes Hilfe immer wieder auf.

#zusammen

Echte Freundschaften leben

> **Paulus**
> Wie geht ihr nun miteinander um? Sicher ermutigt ihr einander durch eure Beziehung zum Messias Jesus, ihr steht einander durch Trost und Liebe bei, ihr erlebt die herzliche Gemeinschaft, die Gottes Geist bewirkt, und ihr geht liebevoll und einfühlsam miteinander um.
> >> Philipper 2,1; das buch ✓✓

Das Leben ist eines der schwersten
Wie geht es dir gerade? Als Mensch, als Christ, als Schüler, als Mitarbeiter? Immer wieder gibt es Zeiten in unserem Leben, im Glauben (und auch in der Mitarbeit in der Gemeinde), in denen uns alles schwerfällt. Wir nicht so können, wie wir wollen. Uns vielleicht etwas anderes ablenkt oder, oder ... Manchmal hat man's einfach schwer.

Ein Beispiel fürs Schwerhaben
Unser zweiter Sohn wurde mit diversen Fehlbildungen geboren, die sich in seinem bisherigen kurzen Leben in unglaublich vielen Krankenhausaufenthalten, Therapien, Operationen, Medikamenten, Pflegedienstbesuchen, Regalwände füllendem Schriftkram und viel, viel Kraftaufwand und Tränen niederschlagen. In letzter Zeit war es aufgrund einiger heftiger OPs und einem langen Krankenhausaufenthalt mit vielen Aufs und Abs besonders schlimm.

Ich halte an sich viel aus, mag Herausforderungen und packe Probleme gern bei den Hörnern, aber diese Situation raubt mir viel Kraft. Sie schafft mich wirklich.

- körperlich: zu wenig Schlaf, ungesundes Essen, zu wenig Bewegung, zu viel zu tun, zu organisieren, alles unter einen Hut zu kriegen ...
- emotional: Ich halte es einfach schlecht aus, meinen Sohn so leiden zu sehen (und meinen ersten Sohn und meine Frau), das ständige Auf und Ab, immer wieder neue Ideen, Prognosen, Therapien etc. Das schlaucht ungemein, und die Ungewissheit, wie es weitergehen wird, tut ihr Übriges.
- geistlich: Ich bin grundsätzlich absolut froh und total dankbar, alles bei Gott abgeben zu dürfen und ihm auch all meinen Ärger, meine Trauer etc. an den Kopf werfen zu können. Aber diese Situation (und ihre Dauer) laugt mich geistlich teilweise sehr aus. Ich weiß oft gar nicht mehr, was ich beten soll, und fühle mich auch recht weit entfernt von Gott. Vieles, was mir in Predigten oder Büchern früher hilfreich für meinen Glauben erschien, hört sich

jetzt leer und unecht an ... Beziehungsstatus: Es ist kompliziert.

Aber es ist auch nicht alles Mist
Was mich in all dem Mist einigermaßen aufrechthält, ist – neben meiner Familie (in der wir uns gegenseitig stützen) – die Menge an Freunden und Bekannten, die uns begleiten. Die wertvolle Gemeinschaft mit anderen, die uns auffangen, wenn wir selbst nicht mehr können. Die Menschen, die mit uns zusammen unterwegs sind. Es sind die kleinen und auch großen Gesten, die uns immer wieder ermutigen:

- Da schreiben mir Leute, rufen mich an und fragen nach, wie es uns geht und wie sie helfen können (und wollen das auch echt tun).
- Da überweisen uns Leute einfach so Geld, weil sie mitbekommen haben, dass es grad eng wird.
- Da bekommen wir ein „Care Paket" mit leckerer Nervennahrung und einem tollen Brief, der uns ermutigt und mit dem Satz endet: „Fühlt euch nicht verpflichtet zu antworten, euch zu bedanken oder so was. Wir wollten euch einfach nur etwas Gutes tun."
- Da beten hunderte Menschen regelmäßig für unseren Sohn und die ganze Situation.
- Da nehmen mich spontan Menschen in den Arm und beten für mich oder segnen mich.
- Da glauben Leute einfach so für uns mit, weil uns das aktuell schwerfällt.
- Da darf ich vor Leuten ehrlich sein und einfach mal allen Frust, alle Überforderung und allen Zweifel rauslassen.

- Da glauben Leute für mich mit, dass Gott da und uns zugewandt ist, wenn ich das gerade nicht kann.
- Da kommt eine Freundin extra von weit her angereist, um uns hier vor Ort für einige Tage zu unterstützen.
- und, und, und...

Wie wertvoll Gemeinschaft ist
Das macht mir unglaublich viel Mut. Das lässt mich immer wieder spüren: Wir sind nicht allein. Wir werden gestützt und dort getragen, wo wir selbst so gar nicht(s) mehr können. Wir haben echte Freunde. Deswegen komme ich irgendwie klar.

Das Leben führt uns immer wieder in Situationen, die wir allein nicht packen können. Oder die wir zumindest besser nicht allein bewältigen sollten, weil uns das nicht guttut und über unsere Kraft hinausgeht. Vielleicht sind es in deinem Leben nicht so heftige Gegebenheiten, wie wir sie gerade erleben, aber die ein oder andere Krise erwischt jeden mal.

„Helft einander, die Lasten zu tragen. So erfüllt ihr das Gesetz, das Christus gegeben hat", so steht es in Galater-Brief, Kapitel 6,2.

Wir alle brauchen wertvolle Gemeinschaft mit anderen. Echte Freunde, bei denen wir selbst ganz ehrlich sein können. Und die auf die eine oder andere Weise anpacken und uns unterstützen, wo immer das nötig ist – und die wir unterstützen, wenn sie das gerade dringend brauchen.

Freundschaften sind wie ein Seil
In der Bibel gibt es ein schönes Bild für Freundschaft: „Einer kann leicht überwältigt werden, doch zwei sind dem Angriff gewachsen." Man sagt ja auch: „Ein Seil aus drei Schnüren reißt nicht so schnell!" (siehe Prediger 4,12; Hfa).

Der Clou an so einem Seil aus drei Schnüren ist ja, dass da nicht einfach drei Schnüre nebeneinander liegen und man das dann „Seil" nennt – NEIN, die drei Schnüre sind so miteinander verwoben, dass daraus ein starkes Seil wird, das keiner mehr zerreißen kann. Sie sind wirklich zusammen „verflochten", und deswegen so stark. Genauso erleben wir uns und unsere Freunde in den Krisen rund um unseren zweiten Sohn.

Wenn ich echte, tiefe Freundschaft erleben will, braucht es eine so starke Gemeinschaft wie bei einem Seil aus mehreren Schnüren. Dann kann ich mich auf meine Freunde total verlassen, mich geliebt und geborgen fühlen und Kraft aus unserer Verbindung schöpfen.

#dosomething

Heute brauchst du deine Liste vom Kapitel dankbar (siehe #dosomething S. 22). Schau dir die Namen deiner Freunde an – und ergänze sie eventuell noch um weitere Freunde, die dir jetzt einfallen. Nun überleg dir zu jedem Namen eine Sache, die du tun kannst, um diese Freundschaft zu feiern und um deine Freundschaft zu ihm/zu ihr zu stärken. Wenn möglich, sollte das etwas Praktisches sein. Schreibe deine Ideen jeweils hinter die Namen und fang am besten sofort mit der Umsetzung an! Das kann ein Hilfsangebot (Hausaufgaben, aufräumen...) sein oder eine Einladung zum Eis. Vielleicht likst du alle Fotos von ihr/ihm auf Insta oder schreibst einen Poetry-Text für sie/ihn... Lass deiner Fantasie freien Lauf!

Heiko Metz *arbeitet bei der Stiftung Marburger Medien, liebt Kaffee, Eis, Gesellschaftsspiele – und das alles am besten zusammen mit seinen Freunden.*

#truestory

Mutig zum Glauben stehen

> **Paulus**
> Gott weiß, wie sehr ich mich nach euch allen sehne; er ist mein Zeuge. Er weiß auch, dass hinter dieser Sehnsucht meine tiefe Liebe zu euch steht. Eine Liebe, die Jesus Christus selber in mir gewirkt hat.
> >> Philipper 1,8; NGÜ ✓✓

Früher ist es mir schwergefallen, meinen Glauben offen vor anderen Menschen zu leben. Ich hatte zwar nicht die Angst, wie Paulus im Gefängnis zu landen, wenn ich von Jesus erzähle, aber ich befürchtete, dass mein persönlicher Glaube als naiv belächelt wird, dass sich andere über mich lustig machen, mich nicht mehr für voll nehmen. Es fiel mir zum Beispiel nicht leicht, meinen Mitschülern zum Geburtstag „Gottes Segen für dein neues Lebensjahr" zu wünschen. Ich habe lieber gesagt: „Alles Gute zum Geburtstag." Außerdem fiel es mir schwer, auch außerhalb meiner Familie zu beten.

Wenn ich bei Freunden war, dann ließ ich mein Tischgebet einfach weg.

Ganz anders Paulus: Er war bereit, seinen Glauben vor allen Menschen frei und offen zu leben – und sogar öffentlich über Jesus und seinen Glauben zu sprechen. Er war bereit für Nachfragen wie: Warum betest du? Nutzt das denn etwas? Er hat sich nicht gescheut, mit Menschen über seinen Glauben zu diskutieren, und sie sogar dazu einzuladen, Jesus Christus selbst persönlich kennenzulernen. Wann immer Paulus eine Gelegenheit bekam, hat er den Menschen seinen Glauben gezeigt und vorgelebt – aus einem Grund: weil er Jesus liebte und auch ein großes Herz für andere hatte.

In der Stadt Philippi hat genau das die Menschen überzeugt. Die Charakterzüge von Paulus, seine Ehrlichkeit, seine Echtheit und seine Hingabe an die Bewohner in dieser Stadt haben dazu beigetragen, dass etliche von ihnen zum Glauben an Jesus Christus fanden. Liest man den Vers 8 aus dem ersten Kapitel, dann spürt man tatsächlich etwas von dieser Liebe und Sehnsucht des Paulus zu den Menschen. Man merkt, wie sehr sie ihm am Herzen liegen, wie viel sie ihm bedeuten. Dass er am liebsten jetzt bei ihnen wäre (und das nicht nur, um endlich aus der Gefangenschaft rauszukommen!).

Die Hingabe an andere und die Liebe zum einzelnen Menschen sind oft der Dosenöffner, damit Leute Jesus Christus kennenlernen können. Wenn andere merken, dass sie dir am Herzen liegen, dass sie dir wichtig sind, dann ist das eine sehr gute Voraussetzung dafür, dass du ein wirksamer Zeuge für Jesus bist.

Ich habe zwölf Jahre das CVJM-Zeltlager am Waginger See geleitet. Jedes Jahr zwei Sommerfreizeiten mit je 140 Jungs. Jahre später hat mir ein junger Mitarbeiter folgende Geschichte erzählt:

„Weißt du eigentlich, Christoph, dass du hier im Zeltlager vor Jahren mit mir eine Stunde lang Tischtennis gespielt hast? Ich war da gerade 13 Jahre alt und ich konnte es damals kaum. Oftmals war eine Runde nach Aufschlag und Rückschlag schon vorbei. Aber du hast dir eine Stunde lang Zeit genommen, mit mir zu spielen. Du hast mir Tipps gegeben und mit mir geübt. So viel Aufmerksamkeit nur für mich! Danach habe ich dir auch bei deinen Predigten zugehört, und das hat zusammengepasst: dein Leben hier am Camp, und das, was du uns Jungs erzählt hast. Das hat mir den Weg zu Jesus geöffnet und heute bin ich auch Jesus-Nachfolger und lebe fröhlich als Christ."

Ein Tischtennisspiel als Dosenöffner
Echtes und ehrliches Leben als Christ im Alltag
Keine Angst haben, seinen Glauben auch vor nichtgläubigen Menschen zu leben und zu zeigen
Hingabe und Liebe zu den Menschen

Das sind einige Zutaten, die Menschen den Weg zu Jesus Christus öffnen können.

#dosomething

Nimm dir für diese Woche drei Dinge vor:
- Lebe deinen Glauben als Christ/Christin mutig und ehrlich. Verstelle dich nicht vor Menschen, von denen du weißt, dass ihnen der christliche Glaube nichts bedeutet oder dass sie damit nichts anfangen können. Fang an, so zu leben, dass dein Glaube ganz natürlich in deinem Alltag vorkommt – und dich vielleicht Menschen auch darauf ansprechen. Das ist dann der Moment, in dem du von Jesus erzählen, ein Zeuge für ihn sein darfst.
- Poste deinen Lieblingsvers auf Instagram und setze #christival22 #ichglaube darunter.
- Bete darum, dass Jesus in dir die Liebe zu anderen Menschen wachsen lässt. Bitte um seine Liebe, die dich offen macht für andere Menschen: ihnen zu dienen und ihnen ein Zeuge/eine Zeugin für Jesus zu sein.

Jesus segne dich bei diesen Challenges und schenke dir seine Liebe!

Christoph Höcht *ist Hausvater und Dozent in der Evangelistenschule Johanneum und Mitglied des CHRISTIVAL-Vorstandes. Er hat eine große Leidenschaft, jungen Menschen Mut zum Leben und zum Glauben zu geben.*

#jesusliebtdich
Abgedroschen oder wahr?

> **Paulus**
> Gott weiß, wie sehr ich mich nach euch allen sehne; liebe ich euch doch so, wie auch Jesus Christus euch liebt. ♥
> >> Philipper 1,8; Hfa   ✓✓

„Keiner liebt dich. Nur Jesus – und der muss ja". Das war ein Satz, den wir im Jugendkreis öfter mal spöttisch verwendet haben. Er war witzig gemeint, und ein Grinsen war einem sicher, denn „Jesus liebt dich" gehörte zu unseren Bullshit-Bingo-Sätzen. Er wurde so oft gesagt, dass er mir irgendwann fast bedeutungslos schien. *Toll, dass Jesus mich liebt*, dachte ich. *Aber der liebt ja eh alle, was ist also besonders daran? Ich kann mir nichts darauf einbilden, und weil er alle liebt, könnte er genauso gut niemanden lieben.* Es fühlte sich eben so an, als hätte Jesus sowieso keine Wahl. *Keiner interessiert sich wirklich für mich – noch nicht einmal Jesus*, flüsterte eine leise, fiese Stimme manchmal in mir. Bin ich

etwas Besonderes? Liebt mich jemand, weil ich *ich* bin, und nicht, weil es sein Job ist, alle zu lieben?

Szenenwechsel.

Rumms. Eine weitere schwere Tür fiel hinter uns ins Schloss. Wieder drehte sich der Schlüssel des Wärters im Schloss um. Ich war Teil eines Teams, das einen Nachmittag für Jugendliche im Gefängnis gestaltete.

„Hier habt ihr sie alle", hatte der Gefängnis-Pfarrer zu uns gesagt, „Betrüger, Einbrecher, einer sitzt wegen Mord." Mein Bauch zog sich zusammen – ich war aufgeregt, hatte auch ein bisschen Sorge, wie die Begegnung wohl werden würde. Aber vor allem ließ mich das Gefühl nicht los, dass ich etwas Besseres war als diese Jungs und ich ihnen etwas Wichtiges beibringen könnte...

Und dann kamen sie rein. Einer nach dem anderen ließ sich auf seinen Stuhl fallen. Die meisten trugen Jogginghosen. Langsam entwickelte sich ein Gespräch, und wir redeten über das, was uns im Leben wichtig ist, tauschten uns über Lieblingsbands und Sport aus. Der Alltag der Gefangenen sah sicherlich ganz anders aus als meiner. Aber die Themen, die uns wirklich bewegten, waren sehr ähnlich: Wer sind wahre Freunde und Freundinnen? Wie findet man die große Liebe? Wie kommt man mit sich selber klar? Und wie mit den anderen? Ich staunte.

Am Abend stand ich vor der Zimmertür eines anderen aus unserem Team, der mit mir in einer WG gewohnt hat. An seiner Tür hing ein Spruch von Mutter Teresa: „Gott liebt dich nicht, weil du wertvoll bist. Du bist wertvoll, weil Gott dich liebt." Ich sah noch einmal die Gesichter der Jungs vom Nachmittag vor meinem inneren Auge. Hatte die Szenen im

Kopf, wie wir zusammen gelacht haben und gemeinsam Antworten auf die großen Fragen des Lebens suchten. Ich hatte diese Jungs irgendwie liebgewonnen. Und mir war auf einmal klar, dass Gottes Liebe zu uns Menschen völlig losgelöst ist von dem, was wir leisten. Diese Jungs waren wertvoll – ganz egal, was ich oder die Gesellschaft über sie dachte. Und diesen Wert kann nichts und niemand antasten. Keine Erfolge können ihn vergrößern, und kein Scheitern und keine grausame Tat können ihn kleiner machen oder wegnehmen. Das gilt auch für mich – obwohl es sich für mich manchmal überhaupt nicht so anfühlt.

Jesus liebt mich – manchmal klingt dieser Satz auch heute noch hohl in meinem Herzen: „Ist doch nichts Besonderes. So ist Jesus halt." Dann denke ich an diesen Nachmittag und erinnere mich an diese Erfahrung. Niemand ist wertvoller als jemand anderes – weil wir alle von Jesus geliebt sind. Das schmälert die Liebe Gottes zu mir und zu dir nicht, sondern heißt: Ich muss mich nicht anstrengen, um geliebt zu werden. Ich bin frei von dem Druck, anderen oder Gott gefallen zu müssen. Wenn die Selbstzweifel in meinem Herzen hochkriechen; wenn ich anfange, mich mit anderen zu vergleichen, und mich selbst runtermache; wenn mein Gefühl sagt, dass ich einfach nichts bin, sage ich mir: „Ja, ihr Gefühle und Gedanken, ihr seid da. Und das fühlt sich schlimm an. Aber ich glaube, dass dieser Jesus auch da ist und mich wertschätzt und sich über mich freut und mich liebt. So wie jeden von uns."

Chris Schlicht, der auf Instagram unter „Wynschkind" postet, schreibt dort: „Wir sind als Kirche ein Zuhause für alle, die auch hören mussten, dass sie wertlos seien. Egal, ob

wegen ihres Geschlechts, ihrer Hautfarbe oder dem Menschen, den sie lieben. Gott hat die stärkste Stimme, und er sagt uns allen: ‚Du bist geliebt, gewollt und wertvoll, komme, was will.'"

Ich bin wertvoll. Und du bist es auch!

#dosomething

„Jesus liebt dich" – wie schnell spricht uns das jemand zu, ohne dass es bis in unser Herz sackt. Mein Herz muss immer wieder neu von diesen Worten berührt werden. Ich finde folgende kleine Übung sehr hilfreich: Stell dich heute mal fünf Minuten vor einen Spiegel und schau dich an. Und während du dich anschaust, denke oder bete beim Einatmen: „Ich bin geliebt, genau so, wie ich bin." Und beim Ausatmen: „Ich bin wertvoll, egal, was ich tue."

Katharina Haubold arbeitet als Referentin für Fresh X an der CVJM Hochschule in Kassel und beim Deutschen Fresh X Netzwerk e. V. und liebt es, mit ihrem Stand-Up-Paddling-Board auf Seen und Flüssen unterwegs zu sein.

#hä

Wenn ich nix kapier

> **Paulus**
> Und das ist es, worum ich bete 🙏 : Eure Liebe soll weiterwachsen und zunehmend geprägt sein von Erkenntnis und umfassendem Verständnis.
> >> Philipper 1,9 ✓✓

Ja, es gibt diese Hä?-Momente, wo ich einfach nichts, aber auch gar nichts kapiere. Neulich hat mich jemand gefragt, ob ich 8-D-Musik kennen würde. Hä? Ich habe schon mal in einem 4-D-Kino gesessen, aber 8-D-Musik?? Ich werde das hier nicht vertiefen, du kannst es ja mal bei YouTube eingeben (funktioniert aber nur mit Kopfhörern!). Aber ich gehe jetzt einfach mal davon aus, dass es dir manchmal auch so geht wie mir: Du hörst oder siehst etwas und denkst: „Hä?".

Mit der Bibel geht es mir hin und wieder genauso. Diese vielen Worte aus einer ganz anderen Zeit lösen dann echte Fragezeichen in mir aus. Wer spricht denn heute noch so?

Genau, niemand! Die Bilder und Vorstellungen scheinen völlig veraltet zu sein. Und die Sprache wirkt an manchen Stellen fast ein bisschen aufgesetzt. Jedenfalls ist sie oft schwer verständlich.

Aber auch in unserer alltäglichen Kommunikation ist nicht immer sofort klar, was oder wie etwas gemeint ist. Erst der „Rahmen", also eine bestimmte Situation, bewirkt, dass wir kapieren, wie die Sache zu verstehen ist. Niemand legt sein Geld auf die Parkbank, wenn die Eltern sagen würden: „Bring mal dein Geld zur Bank!" Wir können diesen Satz durch unsere Erfahrung oder eine frühere Erklärung sofort einordnen.

Zurück zu Paulus und dem Vers oben. Wenn Paulus zu den Leuten in Philippi nur gesagt hätte: „Darum bete ich: Eure Liebe soll weiterwachsen", dann hätten die Christinnen und Christen dort sicher gedacht: „Hä? Ja, wie denn bitteschön? Wie und wozu soll denn unsere Liebe weiterwachsen? Kapier'n wir nicht."

Paulus erklärte ihnen, was er meint, indem er noch zwei Begriffe dazupackte: Erkenntnis und Verständnis. Die beiden Wörter machen deutlich, auf welche „Bank" sie ihre Liebe einzahlen sollen, damit sie wachsen kann: auf die Bank „der Erkenntnis und des Verständnisses". Du denkst jetzt wahrscheinlich: *Kapier ich immer noch nicht.* Doch diejenigen, die damals den Brief von Paulus gelesen haben, konnten etwas damit anfangen. Sie wussten, dass Erkenntnis so viel bedeutet wie „den wirklichen Sinn einer Sache suchen und durch Erfahrungen neue Einsichten gewinnen". Und Verständnis – damit war gemeint: das richtige Feingefühl haben, taktvoll sein, genau wissen, wie man sich in bestimmten Situationen angemessen verhalten soll. Paulus wollte also an dieser Stelle seines Briefes sagen: „Ich bete dafür, dass eure Liebe zueinander und zu anderen Menschen immer tiefer wird. Dass ihr also befähigt werdet, neue Einsichten über euer Miteinander und über euer Gegenüber zu gewinnen. Und ich bete, dass ihr immer mehr lernt, taktvoll und mit Feingefühl miteinander umzugehen."

Wenn wir nix kapieren, dann brauchen wir eine Erklärung oder Orientierung, damit wir das, was gesagt wird oder geschrieben steht, verstehen und einordnen können. Als die ersten Automobile auf den Straßen gefahren sind, gab es noch keine Verkehrsregeln. Alle konnten fahren, wo und wie sie wollten. Ein richtiges Chaos! Den Christen in Philippi ging es ähnlich. Die christliche Gemeinde gab es noch nicht so lange; der Glaube an Jesus Christus steckte noch in den Kinderschuhen. Wie sollte da ein gutes Miteinander geregelt werden? Paulus konnte und wollte aber gar nicht zuallererst einen langen Katalog weitergeben, mit tausenden Verhaltensregeln. Sondern er machte deutlich, dass wir ständig und unaufhörlich die Situationen, in denen wir uns befinden, einschätzen müssen – uns selbst fragen müssen, was jetzt gut, richtig und angemessen ist.

Paulus kniete sich also hin und bat Gott darum, dass die Liebe der Leute in Philippi weiterwachsen soll. Ich finde das einfach stark. Und Paulus meint damit eine Liebe, die er in einem anderen Brief so definiert: „Sie [diese Liebe] trägt alles, sie glaubt alles, sie hofft alles, hält allem stand!" (1. Korinther 13,7).

Ich bin davon überzeugt davon, dass Paulus auch für uns – für dich und mich – heute so beten würde wie damals

für die Christen in Philippi. Aber warum beten wir nicht selbst auch darum? Ein „Gebet um mehr Liebe" kann unsere Einstellung und unser Verhalten verändern. Und folgende Fragen können uns mitten im Alltag helfen, in der richtigen Spur zu bleiben:

What would Jesus do?
Wie kann ich jetzt, in diesem Moment, taktvoll und mit Feingefühl im Sinne von Jesus handeln?

Auf diese Weise kann unsere Liebe zum anderen und unser Verständnis für ihn immer mehr in uns wachsen. So lernen wir immer mehr, mit den Augen von Jesus zu sehen und mit seinem Herzen zu lieben.

Gottes Liebe wird vor allem da sichtbar, wo du sie einübst, jeden Tag neu – durch das, was du tust und sagst. Mit Sicherheit wirst du dann viele Situationen in einem anderen Licht sehen – und vielleicht etwas weniger Hä?-Momente erleben, wer weiß ...

#dosomething

Paulus weiß, dass es immer wieder darauf ankommt, die verschiedenen Alltagssituationen genau anzuschauen – und dadurch zu erkennen und zu verstehen, wie wir uns als Nachfolgerinnen und Nachfolger von Jesus am besten verhalten können. Dafür braucht es Zeit zuzuhören. Wie wäre es, wenn du dir heute mindestens zwanzig Minuten Zeit für einen guten Freund oder Freundin nimmst? Ihr unterhaltet euch darüber, was euch gerade bewegt und herausfordert, und am Ende betet ihr gemeinsam und sprecht euch gegenseitig diesen einen Satz zu: „Deine Liebe soll weiterwachsen und zunehmend geprägt sein von Erkenntnis und umfassendem Verständnis!"

Udo Rehmann *ist Leiter des Gemeindejugendwerks im Bund Evangelisch-Freikirchlicher Gemeinden und findet, dass Baseball die coolste Sportart der Welt ist.*

#goodnews

Wie gute Nachrichten gegen Fakenews helfen

> **Paulus**
> Brüder und Schwestern, das sollt ihr wissen: Meine Lage hat die Verbreitung der Guten Nachricht sogar noch gefördert. 😊
> >>Philipper 1,12

Ein Ton erklingt und ich greife nach meinem Handy. Auf dem Bildschirm informiert mich meine Nachrichten-App über die aktuelle Zahl der Corona-Neuinfektionen. Ich scrolle mich durch die Meldung und fühle mich leer. Klicke mich weiter und lese von Aufständen, Hunger und Naturkatastrophen. Es ist echt zum Heulen. Wo bleiben nur die guten Nachrichten?

Später telefoniere ich mit einer Freundin. Sie ist frustriert, denn sie hat gerade keinen Job, ihre Ersparnisse gehen für die Miete drauf und seit Neuestem haben ihre Eltern wieder angefangen, ihr ein bisschen Geld zum Einkaufen zuzustecken. Dabei wollte sie doch unabhängiger werden. Sie teilt mein Gefühl, dass es nur schlechte News zu geben scheint, und suhlt sich in Selbstmitleid. Sie überlegt, ob nicht vielleicht alles eine riesengroße Verschwörung ist und irgendwer total viel Profit aus der blöden Situation schlägt, an der sie so leidet. Obwohl ich das für Quatsch halte, kann ich ihre Gefühle irgendwie auch verstehen. Als wir uns verabschiedet haben, hängt mir das Gespräch noch lange nach. Es gibt sie doch, die guten Nachrichten. Aber warum landen sie dann so selten auf unseren Screens – und damit auch in unseren Köpfen?

Wusstest du zum Beispiel, dass es in der Sahara zwei Milliarden Bäume mehr gibt, als man bisher vermutet hat? Oder das 220 Millionen Dollar durch die *Ice Bucket Challenge* zusammengekommen sind, um an neuen Medikamenten zu forschen? Dass Supermärkte in Tschechien nicht mehr verkäufliche Lebensmittel kostenlos Hilfsorganisationen anbieten müssen? Oder dass sich die Buckelwal-Population nach jahrelangem Rückgang mittlerweile wieder erholt?

Wenn ich lese, was Paulus im Philipperbrief schreibt, staune ich immer wieder. Wie kann dieser Typ, der grad im Gefängnis sitzt, sich daran freuen, dass sich durch seine beschissene Lage die Gute Nachricht verbreitet?

Es wäre ein Leichtes für Paulus, sich selbst als Opfer zu sehen und Fake News zu verbreiten. Irgendwie könnte ich es ihm nicht mal übelnehmen. Doch stattdessen sieht er das Potenzial seiner Situation. Er bleibt nicht bei den Bad News stehen, sondern fokussiert sich auf das Gute. Er sieht, dass es megaviel gibt, für das es sich zu kämpfen lohnt und das Hoffnung schenkt – dass Menschen durch ihn von Gottes

Liebe erfahren, zum Beispiel. Dazu ermutigt er die Menschen in Philippi – und auch mich, jedes Mal, wenn ich seine Worte lese: Mach die Augen auf für all die guten Dinge. Fokussier dich auf das, was dich weiterbringt und andere ermutigt, statt wie ein Trauerkloß in der Ecke zu sitzen und dir irre Theorien zusammenzuspinnen. Denn es gibt echten Grund zur Freude. Gott liebt dich. Sein Herz bricht wegen all der Bad News, aber er ermutigt dich auch, nicht Teil des Problems zu bleiben. Ich frage mich: Bin ich ein Mensch, der die Verbreitung der Guten Nachricht von Jesus fördert und anderen Hoffnung macht?

#dosomething

Suche im Netz deine liebsten #goodnews der letzten Wochen und Monate raus und schick sie als Ermutigung an mindestens zehn Menschen in deiner Kontaktliste.
Tipp: Gute Nachrichten findest du beispielsweise auf nur-positive-nachrichten.de oder mit der Good News App.

Julia Spliethoff ist Redakteurin beim DRAN-Magazin und zieht für einen Perspektivwechsel gerne mit ihrer Kamera los.

#furchtlos
Wie wird man mutig?

> **Paulus**
> Außerdem haben durch meine Gefangenschaft die meisten Christen neuen Mut gewonnen und die Zuversicht, dass der Herr ihnen hilft. Furchtlos und ohne Scheu sagen sie jetzt Gottes Botschaft weiter. 👍
> \>> Philipper 1,14; Hfa

Corrie ten Boom, eine Niederländerin, war – wie der Apostel Paulus – etliche Jahre eingesperrt. Für sie war es wohl noch viel schlimmer als bei Paulus: Sie erlebte das Konzentrationslager der Nazis in Ravensbrück. Corrie war die einzige Überlebende ihrer Familie und musste sich immer wieder entscheiden, Gott in all dem Schrecklichen zu vertrauen und mutig zu sein. Einer ihrer für mich prägendsten Sprüche ist: „Mut ist Angst, die gebetet hat."

Tatsächlich braucht es im Leben immer wieder Mut, sich seinen eigenen Ängsten zu stellen und dann mutig

nach vorne zu gehen. Auf Menschen zu, die einem wehgetan haben. Hin zu Menschen, die mit dem Glauben an Jesus nichts anfangen können, aber sich nach Hilfe für ihr Leben ausstrecken. Wenn man mutig ist, heißt es also nicht, *keine* Angst mehr zu haben, sondern zu sagen: TROTZDEM. Beten und probieren. Und so etwas hat der Apostel Paulus erlebt. Weil er in seiner Gefangenschaft weiterhin an Gott festhielt, haben seine Mitchristen neuen Mut gewonnen. Seine Situation war also nicht so sehr entscheidend, sondern seine *Einstellung* zu seiner Situation.

In meiner Schulzeit war es nicht cool, an Jesus zu glauben. Ich merkte, dass es mir oft schwerfiel, meinen Freunden zu erzählen, was ich am Wochenende in der Jugendarbeit oder in der Kirche erlebt hatte. Ich liebte Jesus, aber wusste nicht recht, wie man gut von ihm redet. Mein Vater ermutigte meine Zwillingsschwester Tanja und mich, doch einen Schülerbibelkreis zu gründen, in dem mehrfach in der Woche die Christen an einer Schule zusammenkommen, miteinander reden, sich gegenseitig ermutigen und beten. Puh, was für eine Challenge!

Es ist eine Sache, sich als Christ erkennen zu geben, aber eine ganz andere, offen zu so etwas einzuladen. Nach mehreren Monaten des Überlegens und der Angst vor Ablehnung haben wir – meine Schwester und ich – zusammen gebetet und sind dann zum Schulrektor. Dieser war gar nicht abgeneigt, meinte aber, wir müssten es mit einem der verantwortlichen Lehrer besprechen, da wir ja auch einen Raum für diese Treffen benötigten. Also gingen wir zum nächsten Verantwortlichen – und siehe da, er fand diese Aktion richtig cool, vertraute uns den Schlüssel für den

Kunstraum an und ließ sich selbst sogar manchmal blicken. Ja, es brauchte echt Mut, dieses Projekt anzugehen, aber es wurde auch zu einem echten Segen. Mit einem Mal merkten wir, dass andere Schüler es auch auf dem Herzen hatten, für die Schule zu beten, und manche von uns wurden echte Freunde. Auch ließen sich manche Klassenkameraden einladen und kamen öfter dazu.

Das, was wir befürchtet hatten, war nicht eingetreten. Wir wurden eher bestätigt, diesen Weg zu gehen. Klar, manche haben uns auch verspottet oder rissen immer mal wieder die Einladungsflyer zu unseren Treffen von der Wand ab, aber unser vorsichtiger Mut wurde belohnt. So wie der Vers im Philipperbrief sagt, dass Christen neuen Mut gewinnen und ohne Scheu und furchtlos von Jesus erzählen. Ganz furchtlos war ich vielleicht nie, aber die Angst nahm immer mehr ab, der Mut dafür zu.

Der Mut wächst bei jedem von uns, wenn wir unsere Komfortzone verlassen und losgehen. Wir können uns beim nächsten Mal daran erinnern, dass Gott uns schon einmal dabei geholfen hat. Und wenn man die erste Hürde genommen hat, wartet oft eine nächste Herausforderung. Ich habe gelernt, dass Gott mich nie im Stich lässt, auch nicht in schwierigen Situationen.

#dosomething

Wie wäre es mit einer Mutprobe? Einen kleinen Schritt zu machen auf das hin, was dir Angst macht? (Also anstelle direkt vom Fünfer zu springen, erst mal vom Einer?)

Wo hat dein Herz schon mal richtig doll geschlagen, und du dachtest bei dir: *Das würde ich mich auch mal trauen wollen!?* Halte es dir doch mal schriftlich fest und überlege den nächsten Schritt, den du gehen könntest, damit es Wirklichkeit wird. Und dann erzähl einem Freund davon. Vielleicht macht ja jemand mit?

Meine Mut-Challenge:

Vielleicht kann deine Mutprobe auch sein, deinem besten Freund zu erzählen, was Gott dir bedeutet. Oder du moderierst mal in deiner Jugendgruppe? Vielleicht wolltest du schon immer mal backen und bringst deiner alten Nachbarin ein Stück Kuchen mit Segenswünschen? Oder wie wäre es mit einem missionarischen Einsatz? Bitte Gott, dir zu zeigen, was für dich dran ist. Er wird es dir zeigen!

Evi Rodemann ist Fan von jungen Leitenden. Deshalb engagiert sie sich z. B. in der weltweiten Lausanner Bewegung und überwindet immer wieder neu ihre Menschenfurcht.

#neid

Einem schwierigen Gefühl auf den Grund gehen

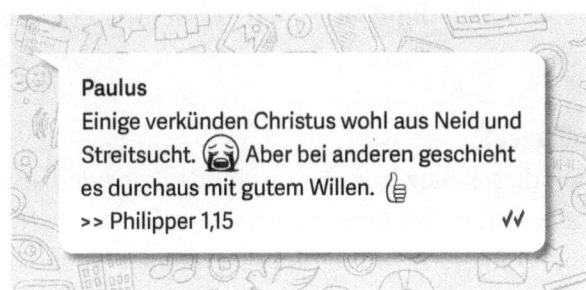

Paulus
Einige verkünden Christus wohl aus Neid und Streitsucht. 😭 Aber bei anderen geschieht es durchaus mit gutem Willen. 👍
>> Philipper 1,15

Kleiner Neid-Test (stimme zu oder nicht zu)
- ☐ Wenn ich das neuste i-Phone bei Freunden sehe, dann will ich das auch haben.
- ☐ Wenn meine Freundin einen neuen Freund hat, aber ich nicht, dann rede ich den Freund schlecht.
- ☐ Ich würde gerne auch so gut wie mein Jugendreferent/meine Jugendreferentin vor Menschen reden können.
- ☐ Ich kann es nicht leiden, wenn jemand im Jugendkreis den Worship besser leitet als ich.
- ☐ Wenn andere mehr Ahnung von der Bibel haben als ich, dann fühle ich mich deprimiert.

- Ich bin verärgert, wenn andere eine bessere Note bekommen als ich.
- Wenn mein Band-Leiter überall in der Gemeinde gut ankommt, dann suche ich ganz gezielt nach seinen Schwächen und hacke darauf herum.
- Oft wünsche ich mir, eine andere Person zu sein, als ich bin.
- Ich hänge nach dem Event mit dem Jugendpastor ab, nur um andere neidisch zu machen.
- Wenn mein Freund eine geniale Beziehung mit Gott hat, ich aber nicht, dann spüre ich, wie ich innerlich sauer werde.

„Ich will auch!"
Wenn wir diesen Satz leise vor uns hindenken oder laut aussprechen, dann ist der Neid nicht weit entfernt. Es gibt viele Situationen, in denen wir diesen Satz auf den Lippen haben oder tief in unserem Herzen spüren. Vielleicht war es in dem Moment, als dein Freund dir sein neues Gaming-Setup gezeigt hat, oder in der Situation, wo dein Jugendleiter bzw. deine Jugendleiterin nicht dich, sondern jemand anderes um Hilfe gefragt hat ... Solche Momente zeigen uns: Wir reagieren neidisch. Meistens sind wir neidisch auf Menschen, mit denen wir viel abhängen. Wenn wir in diesen Beziehungen Neidgefühle erleben, dann fühlt sich das besonders schlimm an, weil wir in einem inneren Zwiespalt stecken: Wir mögen die Person und sind trotzdem neidisch auf sie.

Es gab vor Jahren mal eine Umfrage zum Thema „Neid" in Deutschland. Das Ergebnis: Die Hälfte aller Bürger würden sagen, dass sie in einer Neidgesellschaft leben. Interessant

ist aber auch, dass die meisten antworteten, dass sie selbst überhaupt nicht neidisch auf andere wären. Dieses Umfrage-Ergebnis zeigt: Mit dem Neid ist es deshalb so schwierig, weil wir ihn einfach nicht gerne zugeben.

Dennoch ist er da, der Neid. Und ihm sind auch keine Grenzen gesetzt. Wir können auf alles und jeden neidisch sein – und meistens versteckt sich hinter unserem Neid der bloße Wunsch nach Anerkennung, Zufriedenheit und Glück.

Der eine kann toll reden – und begeistert damit andere, die andere ist ein echtes Musik-Talent oder macht Podcasts, die super ankommen. Wir schlussfolgern daraus: „Diese Menschen sind offensichtlich beliebter, erfolgreicher und schöner." Und wir fragen uns: „Wer bin ich schon im Vergleich zu diesen Persönlichkeiten?"

Der Ursprung des Neides
Und genau da liegt auch der Ursprung des Neides: im Vergleichen! Das Schlimme daran ist: Im direkten Vergleich wirst du *immer* nur darauf schauen, was dir fehlt oder was der Andere besser kann als du. Und durch dieses ständige Schauen auf den Anderen verlierst du deinen von Gott gegebenen Wert aus dem Blick. Denn das Vergleichen gleicht einem Fass ohne Boden. Nichts lässt deine vor acht Wochen neu gekauften Sneakers schneller altern als die Tatsache, dass sich deine beste Freundin gerade ein neues Paar gegönnt hat.

Wenn ich den Vers aus Philipper 1,15 lese, merke ich: Auch bei Paulus und den ersten Christen war Neid offenbar ein Problem. Paulus erwähnt in seinem Brief, dass einige in der Gemeinde neidisch auf ihn sind und Streit suchen. Auch sie hatten ihren Fokus anscheinend nicht auf das gelegt, was Gott an guten Eigenschaften und Gaben in sie hineingelegt hat. Nein, sie fingen an, sich mit Paulus zu vergleichen, und predigten nur aus reinem Neid. Sie wünschten sich so sehr, wie Paulus aufzutreten und wie er von Jesus zu erzählen. Das Problem mit dem Vergleichen gab es also schon damals, vor über 2.000 Jahren.

Und in der Bibel gibt es viele weitere „Neid-Geschichten": über Beziehungen, die durch Neid zerbrochen sind – beispielsweise die Beziehung zwischen Kain und Abel, zwischen Saul und David, zwischen Josef und seinen Brüdern... Und auch unter den Jüngern von Jesus gab es Neid und Konkurrenzdenken.

Neid führt immer dazu, dass ich eine Konkurrenz zum anderen aufbaue. Es beginnt mit negativen Gedanken über den anderen. Dann folgen oft auch Taten. Durch Gefühle wie Wut oder Traurigkeit wird der Neid nur genährt. Der Vers in Jakobus 3,16 bringt es auf den Punkt: „Denn wo Neid und Streit ist, da sind Unordnung und lauter böse Dinge."

Der Schlüssel
Jesus wusste, wie wir ticken – wie leicht wir vom Neid infiziert werden. Er sprach deshalb viel darüber, dass wir großzügig mit anderen umgehen sollen und unser Gegenüber höher achten sollen als uns selbst. Das ist der Fokus, den Jesus sich von uns wünscht.

Ja, es ist sehr herausfordernd, danach zu leben. Was kann dabei helfen, mein Gegenüber nicht neidisch anzuschauen, sondern ihm in Liebe zu begegnen – und ihm das zu gönnen, was er hat und kann? Für mich liegt der Schlüs-

sel darin, sich immer wieder neu bewusst zu machen, wie Jesus über uns und unser Leben denkt. Jesus schaut nicht auf Unterschiede. Er erstellt kein Ranking unter uns Menschen und bewertet nicht den einen besser oder schlechter als den anderen. Nein, der Schlüssel ist, dass Gott dich und mich liebt und er uns bedingungslos annimmt. Und dass er uns niemals benachteiligt, sondern uns alles gibt, was wir brauchen.

#dosomething

Sechs Tipps für den Umgang mit Neid
1. Erkenne und bekenne (vor dir selbst und vor Gott), dass du neidisch bist.
2. Frage dich: Was sagt der Neid über mich aus? Was kann ich an der Situation verändern?
3. Rede mit Gott über deine Unzufriedenheit/deine unerfüllten Wünsche und lege sie ihm hin.
4. Nimm Gottes gute Gedanken über dich an und lass das andere los.
5. Lebe Dankbarkeit: „Und vergiss nicht, was er dir Gutes getan hat!" (siehe Psalm 103,2).
6. Wechsele die Perspektive. (Möchte ich wirklich mit dem anderen tauschen?)

Maximilian Mohnfeld, Jugendevangelist und Landesreferent im EJW, Apple-Fanboy, zieht sich gerne Tech-Youtuber rein und wird schnell neidisch, wenn er diese krasse und teure Technik in den Videos sieht.

Wie du stark und widerstandsfähig wirst

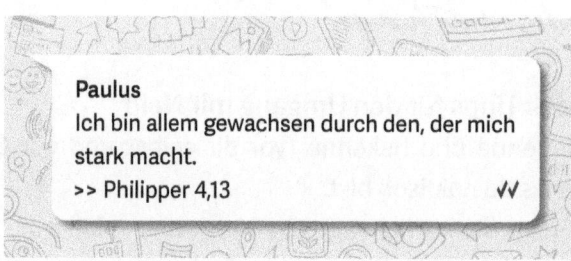

Paulus
Ich bin allem gewachsen durch den, der mich stark macht.
>> Philipper 4,13

Wir leben in einer Zeit, in der alles zu jeder Zeit verfügbar ist. Von jetzt auf gleich können wir fast alles gegen Geld bekommen. Immer und überall! Dem Internet und den vielen Shops sei Dank!

Moment mal! Das stimmt so nicht ganz, und seit 2020 kennen wir auch die andere Seite: Durch den Lockdown war plötzlich vieles eben nicht mehr so schnell verfügbar – oder gar nicht mehr: Toilettenpapier, haltbares Brot, Desinfektionsmittel und medizinische Masken waren plötzlich Mangelware – selbst online. Und beim Italiener treffen, ein Ausflug in den nächsten Freizeitpark, ein Konzertbesuch oder einfach nur mit Freunden abhängen ging auf einmal gar nicht mehr. Das winzige Corona-Virus hatte eine Megakrise ausgelöst, doch offensichtlich kann man mit Krisen so oder so umgehen.

Paulus schreibt in Vers 13, dass er gelernt hat, auch mit wenig Besitz und wenigen Möglichkeiten gut zu leben. „Ich bin allem gewachsen durch den, der mich stark macht." Wer ist das, der ihn stark macht? Und meint er hier wirklich: „allem"?! Wirklich *jede* Situation? Respekt, wer das von sich behaupten kann! Ich gehöre jedenfalls nicht zu dieser Sorte von Menschen. Paulus offensichtlich schon... Hier meint er ganz konkret, dass er dankbar genießen, aber auch fröhlich verzichten kann. Paulus hat gelernt, dass Gott ihn nicht vergisst, auch wenn er finanziell auf dem Trockenen sitzt. Schon beeindruckend, wie entspannt Paulus mit dem Thema Finanzen umgeht und wie unabhängig er von materiellen Dingen ist (vgl. auch Philipper 4,11f.).

Wie schnell sehe ich nur das, was mir fehlt, was ich noch brauche, was die anderen haben. Die PS5, das neuste iPhone, das richtig teure Mountainbike, der geile Hoodie meines Freundes... Dieses Haben-Müssen macht mein Leben oft stressig, eng – und es zieht mich irgendwie runter. Eigentlich soll mich die neuste, heiße Sache doch glücklicher, fröhlicher, stärker machen! Doch wenn ich sie endlich habe, reicht mir das auch nur für kurze Zeit, dann brauche ich mehr...

Aus diesem Kreislauf will ich ausbrechen. Ich will von Paulus lernen. Er weiß, von wem alles kommt und wer ihn stark macht. Aus seiner Beziehung zu Jesus bekommt er eine ganz andere Sicht auf die Dinge, die er hat – und die er nicht hat. Ihm fehlt offensichtlich nichts. Er begreift, dass alles, was er hat, ein Geschenk von Gott ist.

Dankbarkeit ist offensichtlich keine Frage glücklicher Umstände, sondern eine Frage der Einstellung. Dankbarkeit entsteht nicht durch die Ereignisse, sondern durch unsere Sichtweise. Wir können lernen *zu entscheiden*, dankbar zu sein. Natürlich gibt es auch sehr schwierige und tragische Umstände, in denen wir fast an unserem Leben verzweifeln können. Und doch gibt es selbst in den schwierigsten Situationen Grund, dankbar zu sein für unser Leben und das, was Gott uns geschenkt hat. Der Motivationstrainer Nick Vujicic, der ohne Arme und Beine geboren wurde, schreibt:

„Ich habe das Glück gefunden, nachdem ich merkte, dass, so unvollkommen wie ich sein mag, ich doch der perfekte Nick Vujicic bin."

Wir können das Leben mit unseren – noch so begrenzten – Möglichkeiten annehmen, gestalten und uns in Dankbarkeit üben. Wer Gott dankt, sieht sein Leben in einem anderen Licht und erkennt die von Gott geschenkten Möglichkeiten. „Danken schützt vor Wanken und Loben zieht nach oben" heißt ein Sprichwort. Dankbarkeit, auch wenn das Leben nicht rundläuft, macht dich stark.

Ich für meinen Teil will mir eine solche Lebenshaltung angewöhnen und auch in schwierigen Zeiten fragen: Was erlebe ich (trotzdem) Gutes? Womit beschenkt mich Jesus gerade jetzt? Und was lässt mich Jesus schaffen, weil es auf seine Kraft ankommt – und nicht auf meine?

Du und ich, wir können mit einer solchen Einstellung einen wesentlichen Unterschied in dieser Welt machen. Bist du dabei?

#dosomething

„… durch den, der mich stark macht", bekennt Paulus. Stärke dich in den nächsten Wochen, indem du deine Beziehung zu Gott vertiefst. Du könntest zum Beispiel …

- eine Gebetsecke kreativ einrichten;
- mehrmals die Woche joggen und dabei beten (dich von Gottes Schöpfung inspirieren lassen);
- regelmäßig einen Gebetsspaziergang machen;
- dir täglich zehn Minuten Zeit nehmen, um zu schweigen und dabei auf Gott zu hören;
- eine Bibelstelle langsam und betend lesen, indem du nach jedem Halbsatz eine Pause machst und die Worte in dir nachklingen lässt;
- ein Gebets-Wochenplan erstellen und an jedem Wochentag einen Aspekt des Lebens (Schule, Familie, Freunde, Gemeinde …) oder des Weltgeschehens in den Blick nehmen;
- dir bewusst Zeit nehmen, Gott mit Liedern anzubeten;
- einen Psalm in- und auswendig lernen und diesen zu deinem persönlichen Gebet machen.

Probiere gerne mehrere Sachen aus, und wähle dann ein Ritual, das richtig gut zu dir passt. Rituale sind nicht mit Routine zu verwechseln. Rituale geben dem Leben mit Gott einen Rhythmus, füllen das Herz mit Dankbarkeit und machen das Denken weit. Sie wirken wie Powerfood für dein Leben. Deshalb ist es gut, dein göttliches „Stärkungsmittel" regelmäßig einzunehmen.

Bernd Pfalzer ist Referent beim Deutschen EC-Verband, hat eine Schwäche für Espresso, und Zeiten mit Gott machen ihn stark.

#nofilter
Echt und ehrlich leben

> **Paulus**
> Aber was macht das schon? Ob es nun mit Hintergedanken geschieht oder in aller Aufrichtigkeit – entscheidend ist, dass im einen wie im anderen Fall die Botschaft von Christus verkündet wird, und darüber freue ich mich. 😊
> \>\> Philipper 1,18; GN

Der Zweck heiligt die Mittel. Alles ist erlaubt, Gott wird das schon machen. Hauptsache, wir verkündigen das Evangelium. Oder?

Die Art und Weise, wie wir von Jesus erzählen, scheint Paulus ja total egal zu sein. Lautet nicht eine Grundregel: „Du prägst andere mehr durch das, was du bist, als durch das, was du sagst."? Stimmt das vielleicht gar nicht? Ich frage mich: Kann es uns eigentlich egal sein, wie wir uns verhalten? Wie wir unseren Glauben leben? Hauptsache, wir predigen das Richtige?

Ich bin mir nicht sicher, ob Paulus das wirklich so gemeint hat. Er hockt gerade im Gefängnis und erlebt, dass andere mutig anfangen, von Jesus zu erzählen – aus Liebe zu Gott und den Menschen. Alles gut. Doch dann gibt es da eben auch noch die, die das Ganze aus Neid und Streitsucht tun. Paulus sagt sogar: „Sie meinen es nicht ehrlich." So richtig prickelnd kann Paulus das nicht finden. Das passt nicht zu dem, was ihm sonst wichtig ist.

Dennoch: Der Vers „Was macht das schon? Ob es nun mit Hintergedanken geschieht oder in aller Aufrichtigkeit..." klingt schon etwas seltsam. Aber wenn man sich den Text mal im Ganzen durchliest, dann rechtfertigt Paulus damit nicht jedes unaufrichtige Verhalten oder jede schräge Motivation, sondern er macht deutlich: Gott selbst ist größer als die Personen, die ihn verkündigen. Wo von Jesus erzählt wird, kann Jesus auch zu den Menschen sprechen, kann er ihnen auch zeigen, dass sie geliebt sind, dass er sich danach sehnt, mit ihnen gemeinsam unterwegs zu sein.

Für mich ist das ein tröstlicher Gedanke, denn ganz ehrlich: Wie oft erlebe ich in meinem Leben Neid und Streitsucht, Geltungsbedürfnis und die Angst, zu kurz zu kommen? „In aller Aufrichtigkeit" ist nicht ganz einfach umzusetzen. Je sensibler und reflektierter man ist, desto schwieriger ist es – beziehungsweise desto eher merken wir, dass unsere Motive eben nicht immer aufrichtig sind. Wir tun Dinge eben nicht immer aus reiner Selbstlosigkeit, sondern weil wir gesehen werden wollen, weil wir uns beweisen wollen, gelobt werden und besser dastehen wollen als andere...

Da tröstet es ungemein und macht auch wirklich Mut, dass Jesus souverän ist – dass er unabhängig ist von unseren Gedanken, unseren Motiven und unserem Verhalten. Er redet trotzdem durch uns zu anderen Menschen, und er wirkt dennoch durch unser Tun, auch wenn es vielleicht nicht immer so ganz aufrichtig und ehrlich ist.

Heiligt der Zweck also die Mittel? Nein, sicher nicht. Die Motivation für das, was wir tun, soll Liebe sein. Unser Handeln soll bestimmt sein von unserer Liebe zu Jesus, der Liebe zu den Menschen und auch zu uns selbst. Und von der Liebe, mit der Jesus in und durch uns wirken will. Aber wir dürfen ehrlich sein: Es gibt Zeiten, in denen wir mit der Liebe zu uns selbst so unsere Probleme haben – und deshalb versuchen, uns Anerkennung zu organisieren. Weil wir gemocht werden wollen. Und ja, dann reden wir vielleicht auch manchmal über Jesus oder machen etwas Tolles, damit andere uns gut finden…

Das Gute an all diesen Problemen ist: Jesus weiß davon. Er kennt uns und er liebt uns. Zu ihm dürfen wir mit all unseren Kämpfen, mit unserem Neid und unserer Sehnsucht nach Anerkennung gehen, und wir dürfen ehrlich mit ihm reden. Denn Jesus ist nicht nur für die gestorben, denen wir etwas über Gott und den Glauben erzählen – also für die, die noch keine Christen sind –, sondern auch für uns.

#dosomething

Überlege mal, was deine „Unehrlichkeiten" in deinem Leben sind. Wo sehnst du dich nach Anerkennung? Was tust du, um von anderen gemocht zu werden? Wo tust du Dinge, nur um dir selbst etwas zu beweisen? Schreibe deine Gedanken dazu auf und sprich mit Jesus darüber. Trau dich, Jesus gegenüber ehrlich zu werden. Und versuche von ihm zu hören, was der nächste Schritt für dich sein kann.

Tipp: Manchmal kann es helfen, mit einem guten Freund oder auch mit einem Seelsorger zu sprechen und zu beten.

Andreas Schlüter ist Referent für Jugendarbeit im Bund FeG in Deutschland und mag Menschen, die sich trauen, nicht stark zu sein.

#shame

Kein Grund, sich zu blamieren!

> **Paulus**
> Ja, es ist meine sehnlichste Erwartung und meine feste Hoffnung, dass ich in keiner Hinsicht beschämt und enttäuscht dastehen werde ... sondern dass ich – wie es bisher immer der Fall war – auch jetzt mit ganzer Zuversicht auftreten kann ... und dass die Größe Christi bei allem sichtbar wird, was mit mir geschieht.
> \>\> Philipper 1,20; NGÜ ✓✓

Beschämt zu sein ist nicht gerade ein Gefühl, das zu den Highlights in unserem Leben gehört. Und dennoch hat garantiert schon jeder so eine Erfahrung gemacht ...

Vor einigen Jahren wollte ich meine erste Sprachnachricht per WhatsApp an meine Frau schicken und ihr sagen, dass ich sie liebe. An sich ein guter Gedanke – finde ich heute immer noch –, dumm nur, dass ich den Chat verwechselt hab! Meine Frau bekam dann eine Weiterleitung meiner

Nachricht mit dem Hinweis: „Die Nachricht ist hoffentlich für dich." Das war definitiv beschämend und vor allem peinlich. Okay – heute kann ich darüber lachen, und die fehlgeleitete Nachricht hatte auch keine Auswirkungen auf meine Beziehung, aber es gibt auch eine Menge schwerwiegendere Blamagen, die nicht so glimpflich ausgehen wie in meinem Fall...

In der Übersetzung der „Basisbibel" heißt es von Paulus: „Es ist meine ( ) Hoffnung, nicht lächerlich dazustehen." Ich denke, damit spricht Paulus den meisten von uns aus der Seele. Ganz ehrlich: Auf die WhatsApp-Erfahrung hätte ich gut und gerne verzichtet. Doch bei Paulus geht um etwas anderes als eine verirrte Textnachricht. Paulus ist im Gefängnis, weil er Gott mehr gehorcht hat als der damaligen römischen Besatzungsmacht, und muss nun die Konsequenzen tragen. Das war für einige Christen damals vielleicht schon „blamabel", und vielleicht haben sie gedacht: „Hätte er sich nicht geschickter anstellen können? Muss er immer die Klappe aufmachen? Wie sieht das denn aus, wenn einer der einflussreichsten Christen unserer Zeit im Gefängnis sitzt? Das ist doch peinlich – oder?"

Paulus sitzt im Gefängnis, weil er das getan hat, was Jesus von ihm wollte. Also wirklich kein Grund, sich zu schämen! Nun droht den meisten von uns kein Gefängnis, weil wir das tun, was Jesus von uns möchte. Aber sich zu den Außenseitern, den Armen und Bedürftigen zu stellen (und genau das möchte Jesus von uns!), empfinden manche heute schon als „peinlich" oder „beschämend". – Wenn du dich in der Schule auf die Seite des Gemobbten stellst, kann das dazu führen, dass auch du zum Außenseiter wirst. Doch

nicht nur für Paulus, sondern auch für dich gilt: Wenn du das tust, was Jesus dir aufs Herz gelegt hat, dann lass dich nicht von anderen beschämen, sondern denk daran, dass dadurch Jesus Christus verherrlicht wird.

#dosomething

Frag Gott doch mal: „Wen von den Menschen, die eher am Rand stehen und nirgends richtig dazugehören, willst du mir aufs Herz legen?" Überleg dir eine Aktion, wie du die Person in den nächsten 24 Stunden ermutigen kannst, zum Beispiel: ihr freundlich zulächeln, sie zum Mitmachen einladen, ihr ein Ermutigungskärtchen zustecken, dich aktiv hinter sie stellen, wenn sie gemobbt wird ... Gott ist ein Gott der Außenseiter! Schäme dich nicht, für sie einzutreten.

Andreas Schlüter *ist Referent für Jugendarbeit im Bund FeG Deutschland, blamiert sich leider häufiger, als ihm lieb ist, und mag Menschen, weil Jesus sie auch mag.*

#unentschieden

Wie du gute Entscheidungen treffen kannst

> **Paulus**
> Andererseits gilt für mich: Wenn ich am Leben bleibe, kann mein Werk weiter Ertrag bringen. Ich weiß nicht, was ich vorziehen soll! 😐
> \>> Philipper 1,22 ✓✓

„Das Unentschieden ist der Sieg des kleinen Mannes", hat mein Opa immer gesagt. Aber was wusste der schon. Auf der Insel, wo ich herkomme, war man früher entweder Landwirt, Fischer oder Hafenarbeiter. Da meine Vorfahren keinen Bauernhof hatten und mein Opa auf See immer seekrank wurde, blieb nur der Hafen. Keine wirklich schwere Entscheidung für ihn. Nach der Schule irgendwohin ins Ausland, irgendwas Soziales oder Bibelschule machen? Die Option gab es damals einfach nicht. Nach dem Schulabschluss ging es sofort mit der Arbeit los. Für meinen Opa

gab es wenige große Fragen im Leben, bei denen er sich zwischen mehreren Möglichkeiten entscheiden musste.

Bei mir fängt der Entscheidungsstress dagegen schon morgens vor dem Kleiderschrank an. Jede Neuanschaffung, jede Urlaubsplanung, selbst jede Bestellung im Restaurant versetzt mich in Stress. Irgendwann weiß ich vor lauter Optionen gar nicht mehr, was ich eigentlich wirklich will. Und jetzt haben wir noch gar nicht über die Frage gesprochen, welchen der über 20.000 Studiengänge oder 325 Ausbildungsgänge ich all den anderen vorziehen soll. Wie, bitteschön, soll man bei der Menge an Möglichkeiten die richtige Entscheidung treffen? Hilfe, Gott, was soll ich tun???

Man könnte ja einfach das Los entscheiden lassen. Morgens Müsli oder Brot? Kein Problem, kann man auslosen. Beruflich was Soziales, was mit Maschinen oder was mit Zahlen machen? Einfach eins der drei Lose ziehen. Die Methode funktioniert sogar bei der Frage, wem man einen Heiratsantrag machen soll, oder bei der Überlegung, ob man noch die nächste Folge der spannenden Serie auf Netflix anschauen soll, obwohl Mitternacht schon längst vorbei ist...

Aber diese Idee ist wohl auch nicht das Weiße vom Ei. Oder war es das Gelbe? Egal. Bei meinen Glückssträhnen verlasse ich nämlich das Haus morgens in gestreiften Hosen und gepunktetem Hemd, öffne den Anhang der E-Mail, die mir ein Erbe von zwei Millionen Euro verspricht, bringe den Hund mit nach Hause, der vorm Supermarkt angebunden war, weil ich mir nicht sicher war, ob er dort ausgesetzt wurde und ein neues Zuhause braucht, und verbringe den

Rest des Abends mit „Bauer sucht Frau", weil das Los so entschieden hatte.

Du lachst? Nun ja, dann hab ich wohl immer das falsche Los gezogen... Du merkst: Dinge auslosen ist doch nicht das Gelbe vom Ei, sondern vermutlich das krasse Gegenteil von „mündig und selbstbestimmt Entscheidungen treffen". Wenn man nur wüsste, wie man das am Besten anstellt...

Kleine Anleitung für gutes Entscheiden
Wenn du diesen Text selbstständig lesen kannst, bist du vermutlich in einem Alter, in dem dir deine Mutter nicht mehr abends die Sachen rauslegt, die du anziehen sollst. Ab einem gewissen Alter kommst du nicht mehr daran vorbei, selber Entscheidungen zu treffen. Deshalb erhältst du jetzt von mir die ultimative Anleitung, wie du am besten aus dem #unentschieden rauskommst, und die Tipps kannst du dir an den fünf Fingern deiner Hand abzählen:

1. Frag dich: Habe ich ausreichend Informationen für eine Entscheidung? Es geht nicht darum, wirklich alle Informationen zu haben. Da wird man ja verrückt. Es reichen die relevanten Informationen. Das hat Jesus so ungefähr auch schon gesagt (siehe Lukas 14,28): Die Kosten überschlagen reicht!
2. Frag dich: Was will ich eigentlich? Dazu gehört es, ehrlich vor Gott zu reflektieren, was du selbst willst und warum du es willst. Das klingt leichter, als es ist, denn unsere wahren Motive geben sich nicht immer so leicht zu erkennen.
3. Streck dich nach Gott aus und komm ehrlich und offen mit ihm ins Gespräch. Denk an Jesus im Garten Gethse-

mane, als er zu Gott betete: „Nicht mein, sondern dein Wille geschehe!" (Lukas 22,42). Sprich mit Gott ehrlich über deine Wünsche. Aber ordne deine Wünsche seinen Plänen unter.

4. Tu, wovon du überzeugt bist, dass es richtig ist. Mehr brauche ich hier eigentlich nicht zu sagen.

5. Vertraue auf Gottes Führung und Barmherzigkeit. Wir können die Konsequenzen unserer Entscheidung niemals komplett überblicken. Wir können uns irren, in dem wir zum Beispiel Informationen falsch bewertet haben, und wir können uns manchmal selber auf den Leim gehen. Aber am Ende deiner Entscheidungen vertrau darauf, dass Gott mit dir zu seinem Ziel kommt. Manchmal halt auch über Umwege.

#dosomething

> Welche größere Entscheidung steht in nächster Zeit bei dir an? Gehe sie anhand der Fünf-Finger-Anleitung durch, und erzähl einer Person deines Vertrauens davon, wie du dich entscheiden willst und wie du zu dem Ergebnis gekommen bist.

Karsten Hüttmann arbeitet beim CVJM Deutschland und ist Experte in Sachen Prokrastination (bestes Fremdwort ever), vor allem, seit er weiß, dass Diamanten nur unter Druck entstehen.

#goingdeep
Tiefe Wurzeln schlagen und Halt finden

> **Paulus**
> Deshalb bin ich überzeugt, ja, ich weiß: Ich werde tatsächlich am Leben und euch erhalten bleiben. 😊 So kann ich dazu beitragen, dass euer Glaube Fortschritte macht und ihr immer mehr Freude daran findet. 😊
> \>> Philipper 1,25 ✓✓

Vor einiger Zeit war ich mit meiner Schwester wandern. Der Aufstieg war sehr schön, beim Abstieg sind wir jedoch in eine Region gekommen, in der kurz vorher ein Sturm gewütet hatte. Überall lagen umgefallene Bäume und herausgerissene Wurzeln. Die Wege waren kaum begehbar und die Umgebung gab ein trostloses Bild ab. Der Wald bestand in dieser Gegend hauptsächlich aus Fichten. Die haben keine tiefen Wurzeln, und sind deshalb sehr gefährdet, bei einem Sturm leicht aus der Erde gerissen zu werden. Bäume mit

tiefen Wurzeln dagegen fallen nicht so leicht um, wenn es stürmt oder eine Dürrezeit kommt.

Tief verwurzelt sein – genau das hat sich Paulus für die Christen in Philippi gewünscht. Dass sie tiefe Wurzeln im Glauben entwickeln, und so wie ein starker Baum fest im Leben stehen, auch wenn Schwierigkeiten kommen.

Was heißt denn „im Glauben Wurzeln schlagen" konkret?
Das heißt, eine tiefe Freundschaft zu Jesus zu haben. Er wünscht sich nichts mehr als eine enge Beziehung zu uns. Er möchte mit uns durchs Leben gehen, und wünscht sich, dass wir ihm voll und ganz vertrauen.

Denk mal an deine Freundschaften. Du hast sicher enge Freunde, denen du blind vertraust und auf die du dich immer verlassen kannst. Und dann hast du vielleicht Freunde, die dir nicht so nahestehen und denen du nicht jedes Geheimnis anvertrauen würdest.

Gott wünscht sich eine enge Freundschaft mit uns – dass wir uns trauen, mit all unseren Sorgen, Problemen, aber auch Highlights und Kleinigkeiten zu ihm zu kommen. Wie bei einem guten Freund eben, dem man immer alles erzählen will. Gott sein ganzes Leben anzuvertrauen und das im Alltag auch leben, heißt, tiefe Wurzeln im Glauben zu schlagen.

Und wie geht das ganz praktisch?
Die Freundschaft mit Gott zu vertiefen funktioniert wie bei anderen Freunden auch: mit ihm Zeit verbringen und viel über ihn erfahren, um ihn besser kennenzulernen. Drei Dinge können dir dabei helfen:

Erstens: Nimm dir Zeit für Gott. Manchmal ist es am besten, man setzt sich eine feste Zeit. Ich versuche mir am Anfang oder Ende jeden Tages dafür eine Zeit einzuräumen. Nicht immer gelingt mir das und nicht immer sind diese Zeiten sehr tief. Deshalb gehe ich mit Gott immer wieder auf Wanderung. Ich nehme mir einen Tag frei, bewege mich in der Natur und komme dabei mit Gott ins Gespräch. Überleg mal, was für dich hilfreich sein könnte, um mit Gott in Kontakt zu bleiben. Vielleicht hast du einen längeren Schulweg, auf dem du Zeit hast, mit Gott zu sprechen? Oder einen Lieblingsort, an den du dich zurückziehen kannst und wo niemand dich stört?

Zweitens: Schau in die Bibel. Um Gott besser kennenzulernen, ist es auch notwendig, dass wir sein Wort, die Bibel, lesen. Dort steht alles drin, was wir über ihn wissen müssen. Es ist sozusagen die Gebrauchsanweisung für ein Leben mit Gott. Eine tiefe Freundschaft kann ich nur mit jemandem haben, den ich gut kenne. Und durch die Bibel lernen wir Gott immer mehr und besser kennen.

Drittens: Lebe und teile dein Leben mit anderen. Unser Glaube wird tiefer, wenn wir uns gegenseitig ermutigen, uns anspornen und gemeinsam Gott feiern. Das kannst du in einer Gemeinde oder einem Hauskreis tun – oder auch zusammen mit einem engen Freund.

Stell dir noch einmal das Bild von einem Baum vor, den nichts umhaut. Wie wäre es, jemand zu sein, der einen starken Glauben hat und dessen Leben fest in Gott verwurzelt

ist? Überleg mal: Wo in deinem Leben oder Alltag hättest du gern tiefere Wurzeln? Und wie könnten deine Wurzeln tiefer wachsen?

#dosomething

Schau mal, welche Ideen dir beim Wachstum deiner „Glaubenswurzeln" helfen könnten. Kreise ein, was du mal ausprobieren möchtest. Und bitte Gott, dir zu helfen, tiefer in ihm verwurzelt zu sein.

- Lieblingsort zum Beten
- Bibellesezeitschrift
- eine bestimmte, gute Gewohnheit entwickeln
- Ein Opfer bringen
- andere unterstützen
- Predigten anhören
- Kreativität
- Gemeinschaft
- Tagebuch schreiben
- Stille
- Bible Art Journaling
- Beschäftigung mit Glaubensvorbildern
- Handlettering
- Musik
- Beichte
- Handyfasten
- Gebetsspaziergang
- eine bestimmte Gebetshaltung

Doch ich segne jeden, der seine Hoffnung auf mich, den Herrn, setzt und mir ganz vertraut. Er ist wie ein Baum, der nah am Bach gepflanzt ist und seine Wurzeln zum Wasser streckt: Die Hitze fürchtet er nicht, denn seine Blätter bleiben grün. Auch wenn ein trockenes Jahr kommt, sorgt er sich nicht, sondern trägt Jahr für Jahr Frucht.
Jeremia 17,8; Hfa

Désirée Schad *ist die Leiterin von „Coworkers Freiwillige" und vertieft beim Malen und Handlettern gerne Gedanken oder entwickelt dabei neue Ideen.*

#trost

Wer oder was tröstet dich?

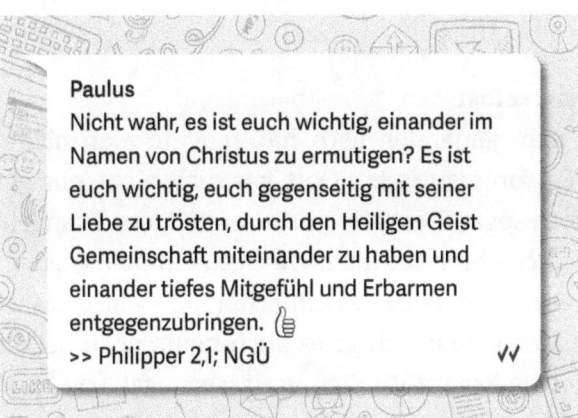

> **Paulus**
> Nicht wahr, es ist euch wichtig, einander im Namen von Christus zu ermutigen? Es ist euch wichtig, euch gegenseitig mit seiner Liebe zu trösten, durch den Heiligen Geist Gemeinschaft miteinander zu haben und einander tiefes Mitgefühl und Erbarmen entgegenzubringen. 👍
> \>> Philipper 2,1; NGÜ ✓✓

Wann hast du das letzte Mal geweint? Beim Kochen, als du eine Zwiebel geschnitten hast? Bei einem traurigen Film? Als du so richtig wütend warst? Oder vielleicht, als sich jemand aus deinem Leben verabschiedet hat, den du sehr gern gemocht hast? Es gibt viele Gründe zu weinen. Manche Leute weinen gar nicht, manche Leute weinen oft. Und es gibt auch viele Gründe, traurig, deprimiert, enttäuscht oder verärgert zu sein.

Das wusste auch Paulus. Er hat es selbst erlebt, denn

in der Gefangenschaft, als er diesen Brief verfasste, war er sicherlich nicht immer fröhlich und optimistisch. Auch wenn er meistens sehr selbstbewusst und positiv wirkt, lässt er das Thema Leid nicht unter den Tisch fallen. In seinen Briefen schreibt er an vielen Stellen von dem, dass er für Jesus ertragen muss (Philipper 1,29 und 2. Timotheus 1,12). Vielleicht erwähnt er das auch, weil er weiß, was seine Briefempfänger gerade Schweres durchmachen. Denn dann teilt er ihnen mit, wie und wo man echten Trost findet:

Bei Jesus selbst
Wenn man jemanden gern hat, möchte man nicht, dass diese Person traurig ist. Gott hat dich nicht nur gern, er liebt dich sogar. Deshalb gibt es in den vier Evangelien so viele Geschichten darüber, wie Jesus immer wieder Menschen aufsuchte, denen es schlecht ging – weil er sie trösten wollte. Genauso macht er es auch heute noch bei dir. Auf seine Liebe kannst du dich verlassen, egal, wie furchtbar deine Situation gerade ist.

Beim Tröster, dem Heiligen Geist
Die zweite Adresse für Trost ist der Heilige Geist. Er wird im Neuen Testament auch „der Tröster" genannt. Jesus wusste, dass er selbst nicht für immer auf der Erde sein und die Menschen persönlich trösten konnte. Deshalb hat er den Heiligen Geist damit beauftragt, allen Menschen, die an Jesus glauben, immer wieder bewusst zu machen, dass Jesus für sie da ist, sie liebt und ihnen vergeben will. Wie das funktionieren soll?

Nun, wenn du Christ bist, lebt Gottes Geist in dir und schafft eine ewige Verbindung zu Jesus und Gott, dem Vater. Dadurch kannst du jederzeit und überall beten, auch und gerade dann, wenn du traurig bist. Der Heilige Geist kann dich außerdem trösten, indem er dich erinnert: an ermutigende Worte von Gott aus der Bibel – oder an Erlebnisse, die du mit Gott hattest. Schließlich verbindet der Heilige Geist alle Christen miteinander, weil er eben in allen Nachfolgern von Jesus lebt.

In der Gemeinschaft
Das ist dann der dritte Ort, wo wir Trost bekommen können. Wenn du dich schlecht fühlst, kann es so guttun, jemandem, dem du vertraust, ehrlich zu sagen, wie es dir geht – und dann zu merken, dass der andere dich versteht. Egal, wie einsam oder verlassen du dich in deinem Kummer fühlst: Gott sorgt dafür, dass du nicht alleine bist. Connecte dich. Such dir einen Teenkreis, eine Gemeinde, fahr auf eine Freizeit. Suche und pflege tiefe Freundschaften. Hab Mut, deinen Pastor, deine Jugendleiterin, einen Seelsorger... anzusprechen und um ein Gespräch zu bitten. Bitte Gott um die Gemeinschaft mit anderen. Und vergiss nicht, selbst auch zum Trostspender für andere zu werden!

#dosomething

Gibt es gerade etwas, das dich traurig macht? Dann probiere mal folgende Dinge aus:

- Schreib es auf. Lass dieses schlechte Gefühl zu. Aufschreiben hilft, die Sache in Worte zu fassen.
- Rede mit Gott im Gebet: Erzähle ihm, wie die Situation gerade ist und was dich daran bedrückt. Bitte ihn darum, dass er etwas daran verändert.
- Hast du eine Stelle, wo du ermutigende Bibelverse sammelst? Falls du so eine Sammlung nicht hast, kannst du dir ja eine anlegen. Hier sind ein paar Vorschläge:
Psalm 121,3 // Lukas 1,37 // Jesaja 41,10
Hebräer 10,23 // Psalm 139,13–14 // Josua 1,9
Römer 8,28 // Hebräer 13,5 // Johannes 16,33
- Rede mit jemandem, dem du vertraust, über deine Gefühle.

Wenn es dir momentan gutgeht und du aktuell keinen Trost brauchst: Schicke einen Spruch aus deiner Sammlung als Textnachricht an jemanden, der gerade Ermutigung und Trost gut gebrauchen kann.

Mareike Siebeneich ist Gemeindereferentin in der EC-Gemeinschaft Siegen und verdrückt gerne mal eine Träne beim Serien- und Filme-Schauen.

#*egoschwein*

Warum Egoismus tödlich ist

> **Paulus**
> Und ein jeder sehe nicht auf das Seine, sondern auch auf das, was dem anderen dient.
> \>\>Philipper 2,4; LUT 17 ✓✓

Die ganze Welt dreht sich um mich
Denn ich bin nur ein Egoist
Der Mensch, der mir am nächsten ist
Bin ich, ich bin ein Egoist…

So heißt es in dem Song „Egoist" des österreichischen Popstars Falco aus dem Jahr 1998. Und an einer anderen Stelle in diesem Lied ist dann davon die Rede, dass „der Egoist" über seinem Bett einen Spiegel angebracht hat, damit sein eigenes Spiegelbild seinen Schlaf bewacht… Und weiter singt er: „Bis ich kriege, was ich brauche, halt ich niemals still…" Klingt ganz schön befremdlich, oder? (Hör dir den Song gern mal auf YouTube an.)

Ich finde, das hört sich alles richtig selbstsüchtig an. Menschen, die so drauf sind, finden wir meist abstoßend, arrogant oder zumindest selbstverliebt.

Aber mal ganz ehrlich: Sind wir nicht oft selbst genauso drauf? Dreht sich nicht häufig in unserem Alltag vieles um uns selbst? Suchen wir nicht auch ziemlich häufig unseren eigenen Vorteil? Natürlich würden wir uns nie als Egoisten bezeichnen oder das jedenfalls nie so ehrlich zugeben. Aber wenn wir ehrlich zu uns selbst sind, dann dreht sich häufig auch in unserem Leben alles um unsere eigenen Pläne, Vorteile und Vorstellungen. Darum, dass es uns selbst gut geht. Wenn dann für die anderen noch was dabei abfällt, ist das sicherlich in Ordnung und ganz nett, aber erst mal komme ich...

Jetzt stell dir mal kurz vor, alle 7,8 Milliarden Menschen auf unserem Planeten wären dauerhaft so drauf, würden sich nur um sich selbst drehen. Ganz ehrlich: Das ist keine schöne Vorstellung! Leider ist das viel zu oft schon Realität. Natürlich sind nicht alle der knapp 8 Milliarden Menschen Egoisten – viel zu viele stehen leider genau auf der anderen Seite – sind Opfer des Egoismus anderer Menschen. Machtkämpfe, Kriege, ungerechte Verteilung von Lebensmitteln und anderen Ressourcen, Armut, Korruption – all das sind handfeste Auswirkungen von egoistischem Verhalten.

Wir in Deutschland sind da natürlich sehr privilegiert. Wir kennen nichts anderes als Frieden, volle Regale im Supermarkt und ein gutes Gesundheitssystem. Aber stell dir mal vor, wie es wäre, wenn deine Freunde oder deine Eltern dauerhaft nur an sich denken würden. Du würdest es vermutlich nicht lange mit ihnen aushalten. Zu Recht!

Wir Menschen brauchen ein Gegenüber, dass gemeinsam mit uns unterwegs ist. Wir brauchen ein Füreinander und Miteinander statt eines Gegeneinanders. Wir brauchen jemanden, der an uns denkt und – wenn nötig – für uns kämpft. Und geht es uns nicht gerade dann am besten, wenn wir nicht nur an uns selbst und unseren eigenen Vorteil denken, sondern uns ganz bewusst in andere investieren?

Egoismus macht letztlich einsam, ist hässlich, und auf Dauer ist es ziemlich anstrengend, immer nach dem eigenen Vorteil zu suchen. Paulus erinnert die Leute in Philippi: „Denkt nicht an euren eigenen Vorteil. Jeder von euch soll das Wohl des anderen im Auge haben" (Philipper 2,4; Hfa). Das ist eine Herausforderung, ohne Frage, aber eine Sache, auf der viel Segen liegt!

#dosomething

Investiere heute ganz bewusst Zeit in eine andere Person. Überlege dir, wie du sie unterstützen oder ihr eine Freude machen kannst. Was würde ihm bzw. ihr guttun?

Die Challenge ist für dich zu einfach? Dann unterstütz doch mal eine fremde Person. Wer wird dir heute wohl über den Weg laufen? Bete für die Begegnung und lass dir von Gott zeigen, was du für sie tun kannst.

Johannes Krupinski ist Teenager-Referent im Bund FeG in Deutschland und verschenkt gerne Zeit an Menschen, für die sich sonst keiner Zeit nimmt.

#gottesbutler

Gott dienen – aber wie?

> **Paulus**
> Er [also Jesus] verzichtete auf alle seine Vorrechte und stellte sich auf dieselbe Stufe wie ein Diener. Er wurde einer von uns – ein Mensch wie andere Menschen.
> \>\> Philipper 2,7; NGÜ ✓✓

Kürzlich habe ich einen Filmbericht über eine Butler-Schule gesehen (in England und den USA gibt's tatsächlich so was) – also über eine Schule, die Leute für den Beruf des Butlers ausbildet. Ein Butler serviert in vornehmen Haushalten bei den Mahlzeiten, empfängt Gäste und organisiert Feste und Empfänge. Heutzutage übernimmt er auch Aufgaben eines Leibwächters.

Was ich aus dem Video gelernt habe: Es gibt ein Idealbild eines Butlers, und das orientiert sich an solchen Menschen, die ihre Sache als Butler besonders gut gemacht haben – die also besonders gut im Fach „Anderen dienen" sind.

Auch wir sind als Christen in gewisser Weise Diener: Wir dienen Gott, sind quasi „Gottes-Butler". Das heißt allerdings nicht, dass wir Gott den Dreck hinterherräumen oder für ihn die ganze Arbeit machen sollen – und er lässt sich bedienen. Im Gegenteil! Damit wir verstehen, was es heißt zu dienen, hat er uns ein Vorbild gegeben: Jesus.

Jesus hat die Haltung eines Dieners voll und ganz verkörpert – obwohl er Gott war. Jesus legte freiwillig seine Macht (seine „göttliche Gestalt") ab. Anders gesagt: Gott wurde durch Jesus ein Mensch, und durch ihn vom Herrscher zum Diener.

Er ist so mächtig, dass er fähig ist,
auf sich selbst zu verzichten.
Er ist so mächtig, dass er fähig ist,
alles und sich selbst loszulassen.
Er ist so mächtig, dass er fähig ist,
sich selbst zu erniedrigen.
Er ist das Vorbild, wir sind seine Nachfolger.
Er ist der Lehrer, wir sind die Lernenden.

Unsere Aufgabe ist es, Jesus nachzuahmen, damit andere Menschen von Gottes Liebe berührt werden. Wie kann das nun für uns aussehen, ein solcher „Gottes-Butler" zu werden? Hier ein paar Impulse dazu:

Den Menschen gleich werden
Wir sind sehr schnell dabei, uns über andere Menschen zu stellen. Doch das schadet uns und unserer Beziehung zu den anderen. Jesus macht das komplett anders. „Er wurde

in allem den Menschen gleich", heißt es über ihn in einer anderen Bibelübersetzung dieses Verses aus Philipper 2,7. In vielen anderen Stellen der Bibel wird betont, wie wichtig es ist, sich auf eine Stufe mit dem anderen zu stellen, ja, sogar „hinabzusteigen", also noch eine Treppenstufe tiefer zu steigen. „Werdet nicht überheblich", schreibt Paulus in einem anderen Brief, „sondern lasst euch auf die Unbedeutenden ein" (Römer 12,16). Lasst euch ein auf die, die nicht so schlau sind wie ihr, nicht so bedeutend, nicht so privilegiert, nicht so reich oder nicht so fit. Eine klare Anweisung, hinter der die Info steht: „Hey, ihr seid nicht höhergestellt, nicht besser, nicht wertvoller, nicht wichtiger als die, die vielleicht nicht so viel Glück im Leben haben wie ihr. Jesus macht keinen Unterschied zwischen ihnen und euch."

Sich von Gott beschenken lassen – bei ihm Kraft tanken
Wer Gott dienen will, muss zuerst sich selbst dienen lassen. Jesus setzte diesen Maßstab noch zu seinen Lebzeiten, als er seinen Jüngern sagte: „Wer ist denn höhergestellt – der, der am Tisch sitzt, oder der, der ihn bedient? Der, der am Tisch sitzt, nicht wahr? Ich aber bin unter euch als der, der dient!" (Lukas 22,27; NGÜ).

Wenn wir anderen dienen wollen, ist es außerdem wichtig, dass wir unsere Grenzen beachten: Wer sich nur verausgabt, bricht irgendwann zusammen. Wer die Hände nur zum Geben öffnet, wird bald nichts mehr zu geben haben. Wer nur aus seiner eigenen Quelle schöpft, wird schnell erschöpft. Es gibt also nichts Wichtigeres für unser Engagement für Gott und andere, als Gott an uns handeln und uns immer wieder von ihm beschenken zu lassen. Seine Kraft zu tanken – zu ihm, der Quelle des Lebens (siehe Psalm 26,10) zu kommen.

Frei werden vom Wunsch nach Erfolg
Diener erfüllen Aufträge – doch sie wissen im Voraus nicht, ob ihre Bemühungen „erfolgreich" sein werden. Und liefern sie ein gutes Ergebnis ab, bekommt die Ehre ihr Chef, also ihr Dienstherr. So ist das – auch bei „Gottes-Butlern".

Wir wissen nicht, wie es ausgeht,
ob unsere Bemühungen immer Früchte tragen,
ob unser Tun und Reden auf offene Herzen trifft,
ob unsere Nächstenliebe wirklich etwas Positives am anderen bewirkt.

Aber im Gegensatz zu Butlern, die in Präsidentenhäusern oder bei wohlhabenden Familien dienen, haben wir es gut, denn bei Gottes-Dienern sorgt Gott für das Ergebnis – nicht wir. Paulus beschreibt das mit einem schönen Bild (siehe 1. Korinther 3,4–7):
„Wir stehen im Dienst des Herrn. Durch diesen Dienst seid ihr zum Glauben gekommen. Und jeder von uns dient dem Herrn mit den Gaben, die er vom Herrn bekommen hat. Ich habe gepflanzt, Apollos hat gegossen. Aber Gott hat es wachsen lassen. Es zählt nicht, wer pflanzt oder wer gießt. Es zählt nur Gott, der es wachsen lässt."
Das heißt: Es ist unsere Sache, den Mitmenschen zu dienen. Aber es ist Gottes Sache, sich um das Ergebnis zu kümmern. Deshalb können wir total entspannt „Gottes-Butler" sein.

#dosomething

Ein paar Fragen zum Nachdenken für dich:

- Warum fällt es mir so schwer, mich selbst loszulassen und zu anderen „hinabzusteigen"?
- Wovon gehe ich eigentlich aus, wenn ich von anderen so „gering" denke?
- Was könnte mir helfen, „menschlicher" und „dienender" mit anderen umzugehen?
- Was hindert mich daran, mir von Gott dienen zu lassen – zur „Quelle" zu gehen?

Wenn du magst, dann bete doch mit mir diese Worte:

Geliebter und liebender Vater.
Gib mir genügend Kraft, meine Trägheit zu überwinden.
Gib mir genügend Demut, meinen Hochmut zu unterbinden.
Befreie meinen Willen, damit ich frei-willig diene.
Befreie mein Herz, damit frei-herzig gebe.
Befreie meine Hände, damit ich frei-händig helfe.
Vor allem: Lehre mich zu empfangen.
Und dann: Lehre mich zu dienen.
Amen.

Armin Jans leitet die Studien- und Lebensgemeinschaft der Liebenzeller Mission – und kämpft leider viel zu oft mit überheblichen Gedanken, will das aber ändern…

#Kreuz

Warum Jesus bis zum Äußersten ging

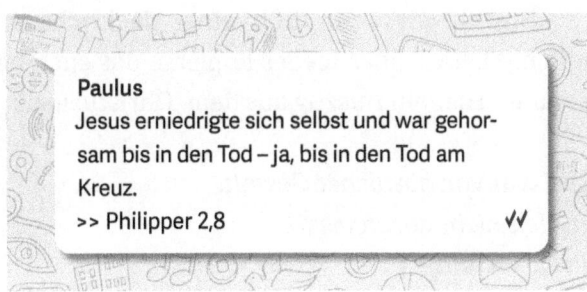

Paulus
Jesus erniedrigte sich selbst und war gehorsam bis in den Tod – ja, bis in den Tod am Kreuz.
>> Philipper 2,8

Äh – Entschuldigung, aber dieser Vers klingt ja, um es vorsichtig auszudrücken, so gar nicht ansprechend. *Erniedrigung?* Ist nicht gerade erstrebenswert, oder? Gehorsam sein bis in den Tod? Hört sich auch nicht nach einer guten Idee an, wenn du mich fragst.

Und doch finde ich diesen Vers wundervoll! Warum das? Weil er uns von Jesus erzählt, von diesem Menschen, in dem uns krasserweise Gott höchstpersönlich begegnet (schau mal zwei Verse weiter vorn auf Philipper 2,6).

Jesus erniedrigt sich. Das Wort „erniedrigen" verstehen wir meist im Sinne von „herabwürdigen", „andere demütigen" und „verachtend behandeln". Aber hier bedeutet es:

Verzicht auf die Haltung „Ich bin der Größte". Jesus macht sich klein. Kommt zu uns Menschen runter. Durchlebt unser Leben. Stirbt sogar unseren Tod.

Und noch mehr: Die Verse Philipper 2,6–11 sind in der BasisBibel mit „Christuslied" überschrieben. Ziemlich sicher ist dieser ganze Abschnitt eine Art „Gedicht", das Paulus zwar nicht selbst geschrieben hat, aber das er gut kennt – und vermutlich auch seine Leser und Leserinnen in Philippi. Er baut es an dieser Stelle in seinen Brief ein – vielleicht so ähnlich, wie wenn du in einer Nachricht an eine Freundin die Lyrics eines Liedes kopierst, das euch beiden viel bedeutet. Hier ein Auszug aus dem „Christuslied":

Er [Jesus] war von göttlicher Gestalt.
Aber er hielt nicht daran fest,
Gott gleich zu sein –
so wie ein Dieb an seiner Beute.
Er legte die göttliche Gestalt ab
und nahm die eines Knechtes an.
Er wurde in allem den Menschen gleich.
In jeder Hinsicht war er wie ein Mensch.
Er erniedrigte sich selbst
und war gehorsam bis in den Tod –
ja, bis in den Tod am Kreuz.

Den Halbsatz „…ja, bis in den Tod am Kreuz" hat Paulus hier sehr wahrscheinlich selbst hinzugefügt. Es sollen jetzt wirklich alle kapieren: Jesus ist nicht „nur" irgendwie gestorben. Es war schon gar kein „ehrenvoller Tod". Er starb am Kreuz, wurde umgebracht, wie damals Verbrecher umgebracht wurden. Eine schlimmere Schande konnte sich niemand vorstellen.

Warum betont Paulus das so? Ich glaube, damals wie heute sollen die Menschen begreifen: Jesus geht nach ganz, ganz, ganz, ganz unten. Tiefer kann man nicht sinken. Verachteter kann man nicht sein. Aber was bedeutet das nun für uns heute? Wozu dieses #Kreuz?

Weil Jesus uns dort begegnet: ganz unten. Damit wir an den Tiefpunkten unseres Lebens nicht gottverlassen sind. Denn er ist genau dort für uns da.

Du kannst dich darauf verlassen. Egal, wie dreckig es dir auch geht, wie dreckig du dich auch fühlst, wie dreckig du auch bist: Gott höchstpersönlich steckt mit dir in der „Scheiße".

Wenn andere dich erniedrigen,
wenn die Angst dein Herz umklammert,
wenn du verletzt bist und nicht glaubst, dass die Wunden je heilen können,
wenn die Schmerzen so stark sind, dass sie dich fast zerreißen,
wenn der Tod dich erschreckt,
wenn in dir alles schreit: „Mein Gott, warum hast du mich verlassen?",
wenn alles, wirklich alles, dunkel ist,
wenn du dir nicht verzeihen kannst, was du gesagt oder getan hast,
wenn du dir nicht verzeihen kannst, was du nicht gesagt oder nicht getan hast,
wenn andere dir nicht verzeihen können,

wenn du überzeugt bist, dass Gott dir nicht verzeihen kann:
Jesus! Ist! Da!
Wenn er sagt: „Ich weiß, wie's dir geht", ist das keine Floskel,
denn – ja! – er weiß wirklich, wie es dir geht.
Jesus hat all das selbst durchlitten. Dunkelheit. Schmerzen. Verachtung. Verletzung.
Er hat die Schuld der ganzen Welt getragen.
Auch die, die du auf dich geladen hast und meine.
Auch die, die dir und mir angetan wurde.

Und noch etwas: dass Jesus am Kreuz stirbt, ist ja Gott sei Dank (!) nicht das Ende der Story. Der Vers in Phillipper 2,8 ist der absolute Tiefpunkt im „Christuslied". Aber dann geht es weiter:

Deshalb hat Gott ihn hoch erhöht:
Er hat ihm den Namen verliehen,
der hoch über allen Namen steht.
Denn vor dem Namen von Jesus
soll sich jedes Knie beugen –
im Himmel, auf der Erde und unter der Erde.
Und jede Zunge soll bekennen:
„Jesus Christus ist der Herr!"
Das geschieht zur Ehre Gottes, des Vaters.

Zuerst geht es für Jesus steil bergab. Aber danach geht es steil nach oben! In der Geschichte über den Tod von Jesus und seine Aufweckung bewahrheitet sich: Gott ist stärker

als der Tod. Jesus besiegt das Dunkel! Er hat die Macht, die dunklen Mächte zu verwandeln. In der Welt. In mir. Und in dir!

Darum ist das Kreuz für Christinnen und Christen nicht mehr ein Symbol für den grausamsten Tod. Sondern es steht für das Leben! Für ein Leben, das Jesus hell und heil macht.

Wozu dieses Kreuz? Dazu.

#dosomething

Nimm dir ein leeres Blatt und überleg mal, wo es in deinem Leben dunkel ist und was dich nach ganz unten zieht: Angst, Schuld, Verletzungen... Schreib oder male es mit einem *Bleistift* auf.

Schreib danach mit dem dicksten Stift, den du finden kannst, das folgende Gebet darüber: „Danke, Jesus, dass du auch und gerade in der Tiefe da bist. Danke, dass du die Finsternis mit deinem Licht besiegst. Bitte mach das wahr in mir. Amen."

Ich mach dir Mut: Trau dich und trau auf Jesus – und bete diese Worte tatsächlich!

Astrid Volkening ist Dozentin an der Evangelistenschule Johanneum in Wuppertal. *Sie rechnet damit, noch bis an ihr Lebensende über das Kreuz zu staunen – und es vermutlich nie ganz zu verstehen.*

#worship
Wen oder was verehrst du?

> **Paulus**
> Denn vor dem Namen von Jesus soll sich jedes Knie beugen – im Himmel, auf der Erde und unter der Erde.
> >> Philipper 2,11 ✓✓

Wie würdest du dich fühlen, wenn jemand – anstatt dir zur Begrüßung die Hand zu geben, dich zu umarmen oder dir freundlich zuzunicken – auf einmal vor dir auf die Knie geht?

Allein der Gedanke an so eine Szene macht mich unsicher, und vermutlich würde ich mit hochrotem Kopf schnellstmöglich „Steh auf!" stammeln, damit dieser krass-peinliche Moment sofort vorbeigeht. Besonders dann, wenn andere dabei zusehen ...

Vielleicht würde ich deshalb so reagieren, weil ich nicht möchte, dass mir jemand symbolisch zeigt, dass ich über ihm stehe – beziehungsweise er unter mir. Vielleicht aber

auch, weil ich denke: „Ich bin nicht so würdig, dass man vor mir so eine Geste machen müsste."

In meinem Leben bin ich noch nie vor jemandem auf die Knie gegangen. Außer an diesem einen besonderen Tag im Jahr 2015, an dem ich damals meine heutige Frau gefragt habe, ob sie mich heiraten möchte.

Auch wenn diese Geste irgendwie altmodisch, vielleicht auch etwas kitschig scheint, war mir so wichtig, ihr damit zu sagen: „In meinen Augen bist du unglaublich wertvoll und etwas Besonderes, sodass ich dir nicht nur mit einem Ring, sondern auch mit meiner Haltung zeigen möchte, wer du in meinen Augen bist!"

Und das ist etwas, dass ich Jesus am liebsten jeden Tag sagen möchte! Die vorangegangenen Verse in diesem „Christuslied" (Philipper 2,6–9; siehe auch die Andacht zuvor) haben mir noch mal gezeigt, wie einzigartig und besonders dieser Jesus ist, sodass ich mich immer wieder frage: Wie kann ich ihm sagen und zeigen, wie sehr ich ihn liebe?

Hier gibt es natürlich total viele Möglichkeiten. Ich könnte für ihn musizieren, singen, ein Bild für ihn malen, mir nur für ihn einen halben Tag Zeit nehmen, ihm einen Brief schreiben ... Aber ich kann es eben auch durch meine Körperhaltung ausdrücken – eine Geste, die Demut und Hingabe verkörpert.

Wenn ich in die Bibel schaue, dann lese ich, dass einmal jeder Mensch, auch diejenigen, die schon gestorben sind, Jesus sagen und zeigen werden, wie sehr sie ihn verehren: „Denn in der Heiligen Schrift steht: ‚So wahr ich lebe, spricht der Herr: Vor mir werden alle niederknien, und alle werden bekennen, dass ich der Herr bin!'" (Römer 14,11; Hfa). Eine faszinierende Vorstellung, oder?

Ja, Gott ist der Herrscher des gesamten Universums. Und doch geht er mit seiner Macht so ganz anders um als die Herrscher dieser Welt. Viele von ihnen haben ihre Untertanen schon dazu gezwungen, sich vor ihnen niederzuknien – nur um damit ihre Macht zu demonstrieren. Ich hoffe, niemals in eine solche Situation zu kommen, das tun zu müssen. Vor keinem noch so mächtigen Menschen dieser Welt würde ich auf die Knie gehen! Vor Jesus fällt mir das aber leicht – weil ich weiß: Er meint es gut mit mir. Er ist der echte Machthaber, der es verdient hat, dass ich ihm diese Ehre erweise.

Und weißt du, was ich an Gott am allermeisten liebe? Dass er ein Gott ist, der sich selbst nicht zu schade war, uns eine riesige Ehre zu erweisen. Er selbst hat sich nämlich vor Menschen hingekniet – nicht, um sie zu anzubeten, sondern um ihnen zu dienen. Im Johannesevangelium (Kapitel 13) kannst du davon lesen, dass Jesus seinen Jüngern die staubigen Füße gewaschen hat – als Zeichen, dass er bereit ist, ihnen zu dienen. Was für eine besondere Geste!

So was habe ich bei noch keinem Herrscher in dieser Welt gesehen. Was andere als Zeichen ihrer Macht einfordern, lebte Jesus uns als Zeichen seiner Liebe vor – und er ermutigt dich und mich, es ihm nachzumachen. Wenn er sich nicht zu fein dafür ist, dienend vor uns zu knien, sollten wir uns auch nicht zu fein sein, anbetend vor ihm auf die Knie zu gehen. Und wir sollten uns auch nicht zu schade sein, anderen Menschen wertschätzend zu begegnen und ihnen dienend eine Ehre zu erweisen!

#dosomething

Sei mutig und probiere heute doch mal Folgendes aus:
- Nimm dir einen Moment Zeit und stelle dir vor, du stehst vor Jesus. Lies noch mal Philipper 2,5–11 in deiner Bibel und gehe dabei vor ihm auf die Knie. Wie fühlst du dich dabei? Was möchtest du Jesus vielleicht heute noch sagen? Was an ihm findest du besonders wertvoll?
- Wenn du magst, stell dir anschließend vor, dass Jesus sich auch vor dich hinkniet, dir die Füße wäscht und mit dir spricht. Welche Gedanken und Gefühle löst das bei dir aus?
- Überlege mal, wie du ganz persönlich Jesus zeigen könntest, dass du ihn liebst. Werde kreativ!

Daniel Gass ist Landessekretär im CVJM Bayern und liebt es zu reisen, guten Kaffee zu trinken, mit und für Menschen zu kochen. Er hat mal in einem Jugendgottesdienst in einer Disco zwei Jugendlichen die Füße gewaschen und dafür aus Respekt vom Barkeeper einen Drink ausgegeben bekommen.

#ichkanndasnicht

Wie Jesus dich motiviert

> **Paulus**
> Denn Gott bringt euch dazu, dass ihr nicht nur so handeln wollt, wie es ihm gefällt. Er sorgt vielmehr dafür, dass ihr es auch könnt!
> \>> Philipper 2,13

Kennst du das? Du willst etwas tun oder verändern, nimmst es dir vor und dann… na ja, dann klappt es doch nicht so, wie gewünscht. Bei mir ist es das morgendliche Aufstehen. Ich bleibe immer bis zur letzten Sekunde liegen, und bin dann im Stress, damit ich es noch halbwegs pünktlich schaffe. In Sachen „Aufstehen" sind bei mir Wollen und Tun zwei ganz unterschiedliche Dinge. Ja, ich möchte sehr gerne früher aufstehen und den Morgen entspannt starten, und nehme es mir auch immer wieder vor, aber wenn ich dann in meinem warmen Bett aufwache, fällt es mir so unendlich schwer, das Vorhaben auch umzusetzen.

Meine Erwartung an mich selbst und die Realität klaffen manchmal ganz schön weit auseinander. Das ist dann wie bei zwei verschiedenen Schuhen, die einfach nicht zusammenpassen, zum Beispiel Stöckelschuh und Bergstiefel. Oder Sandale und Arbeitsschuh.

Wo driften in deinem Leben „wollen" und „tun" auseinander? Vielleicht nimmst du dir immer wieder vor, eine verletzende Verhaltensweise abzustellen, nicht mehr so egoistisch oder so bequem zu sein oder so aggressiv zu reagieren ... mehr Sport zu machen, entspannter zu werden oder früher ins Bett zu gehen ... Du hast herausgefunden, was dich an dir stört, und du merkst, dass es sich negativ auf deine Beziehungen auswirkt: die Beziehung zu dir selbst, zu anderen und auch zu Gott. Aber du schaffst es nicht, deinen Wunsch Realität werden zu lassen. Du möchtest es gerne ändern, aber kommst immer wieder an den Punkt: #ichkanndasnicht.

Paulus hat da eine gute Nachricht für dich und mich: „Denn Gott bringt euch dazu, dass ihr nicht nur so handeln wollt, wie es ihm gefällt. Sondern es auch könnt!"

Wie jetzt? #ichkanndasetwadoch?!

Ich erkläre es gern so: Wenn Gott in unser Leben kommt, heißt das nicht, dass der Schuh „Wollen" und der Schuh „Können" sofort zusammenpassen. Wir kommen trotzdem immer wieder an unsere Grenzen und scheitern an uns selbst. Aber: Wenn wir uns stressen, weil wir es wieder nicht geschafft haben, schaut Gott nicht kopfschüttelnd auf unser Versagen. Er setzt uns nicht unter Druck. Durch seinen Geist wird er uns innerlich immer mehr verändern, sodass die beiden Schuhe immer besser zusammenpassen. Und irgendwann klappt es mit der Umsetzung unserer Vorhaben immer besser.

Gott geht mit jedem Einzelnen von uns diesen Weg, mehr und mehr zu wollen, was auch er will, und er befähigt uns immer mehr, das zu tun, was wir uns vorgenommen haben. Schritt für Schritt. Egal, wie lang dieser Weg ist und wie viele Rückschläge es gibt. Das Einzige, was wir tun müssen, ist, Gott sozusagen in unsere Schuhe hineinkommen zu lassen – und nicht aufzuhören, mit ihm unterwegs zu sein. Ja, in den beiden Schuhen „Wollen" und „Können" werden wir unterwegs manchmal Blasen bekommen, stolpern und hinfallen und auch peinliche Momente erleben. Aber irgendwann werden wir darüber staunen, wie weit wir gekommen sind, wie gut die Schuhe inzwischen passen und wie sie sich im Laufe des Lebens immer ähnlicher geworden sind.
#gottkanndas #ijustkeeponwalking

#dosomething

Schreibe in die zwei unterschiedlichen Schuhe, was du gerne tun möchtest – und was du stattdessen oft tust:

Was ich will:

Was ich tue:

Nimm dir eine Situation vor, die du mit Gott angehen möchtest, und lass dich durch ihn motivieren und verändern! Welche Erfahrungen machst du, wenn du Gott in deine Schuhe „Wollen" und „Können" bewusst mit „hineinnimmst"?

Sandra van Westen ist Kinder- und Teenagerreferentin im Friedenshof Kassel und liebt ihr warmes Bett am Morgen.

#raffdich

Kann man christlich motzen?

> **Paulus**
> Tut alles, ohne euch zu beklagen und ohne Zweifel und Bedenken.
> \>> Philipper 2,14 ✓✓

Niemals klagen, keine Zweifel haben, immer recht freundlich und erlöst lächeln. Ist es das, was der Vers uns sagen möchte? Eigentlich ist es doch eine Anleitung für Leute, die so richtig fake sind. Denn niemand kann immer fröhlich sein, jedem gehts doch mal mies. Sollen wir ab jetzt unsere negativen Gefühle schön runterschlucken und so tun, als ob nichts wäre?

Früher habe ich tatsächlich geglaubt, so sollten Christen sein. Immer gut drauf, keine Ängste und Probleme zeigen. Heute weiß ich: Das ist Quatsch! Auch Christen sind Menschen mit Zweifeln, Sorgen und Nöten. Selbst Asaf und andere Dichter haben in ihren Klagepsalmen so richtig die Sau rausgelassen. Lies mal Psalm 44 oder 77. Dort klagen die Psalmisten mit lauter Stimme gegen Gott. Würden wir den gleichen Inhalt mit heutigen Begriffen füllen, so wäre „Scheiße" wohl noch das mildeste Wort darin.

Wenn die Psalmdichter das schreiben dürfen – und ihre Texte es sogar in die Bibel geschafft haben, was ist dann mit dem Vers oben gemeint? Ist da vielleicht einfach ein Widerspruch in der Bibel – weil sich die Regeln zwischen der Zeit, in der die Psalmen verfasst wurden, und dem Zeitpunkt, als Paulus den Philipper-Brief geschrieben hat, komplett geändert haben? Ich weiß es nicht. Aber ganz sicher hat sich das Wesen Gottes und das, was er für richtig empfindet, nicht geändert. Und ich denke auch, dass wir tatsächlich klagen dürfen – dass wir Gott ehrlich sagen dürfen, was wir fühlen und denken. Denn klagen ist nicht dasselbe wie meckern und nörgeln. Und vielleicht meint Paulus in diesem Vers genau das.

Durchhalten – statt meckern und aufgeben. Das ist etwas, was ich aus Vers 14 mitnehme. Als Teenager lernte ich Schlagzeug und musste in einem Jugendorchester spielen. Meine Aufgabe war es, mit einer Keule alle zehn Sekunden auf die große Trommel zu hauen. Den Spaßfaktor kannst du dir denken. Es war schrecklich. Zumal die Posaunen und Trompeten genau vor mir saßen, und ich wirklich kein Freund von Blechblasinstrumenten bin. Heute bin ich froh, dass ich das durchgehalten hab. Es war nicht immer cool, aber es gehörte eben für mich dazu. Vielleicht sind wir heute nicht mehr so belastbar wie frühere Generationen, weil die Anzahl der Möglichkeiten so enorm ist, dass man schnell auf eine andere Sache ausweichen kann, anstatt den Weg durchzuziehen, auch wenn's schwierig wird?

Wie ist meine Herzenshaltung? Das ist die zweite Sache, die ich aus dem Vers mitnehme. Entscheidend ist nicht die Frage, ob es mir schlecht gehen darf oder ob ich trauern oder zweifeln darf. Entscheidend ist die Frage: Mit welcher Herzenshaltung will ich mein Leben führen? Jesus möchte, dass mein und dein Herz voller guter Dinge ist. Die Umstände haben nur so viel Macht über uns, wie wir es ihnen erlauben.

Während meines Studiums gehörte es zu meinen Aufgaben, die Toiletten zu putzen, während andere die megatolle Worship-Zeit erlebten. Klar ist das nicht cool und macht nicht wirklich Spaß, aber die Herzenshaltung war letztlich das, worauf es ankam. Obwohl ich mit anderen Studenten die Toiletten putzte, haben wir es gefeiert. Wir haben gelacht, uns gefreut – und uns bewusst gemacht, dass wir damit den anderen und Gott dienen. Am Ende der Konferenz war unser Herz voller Freude. Nicht nur, weil es zu Ende war, sondern auch, weil wir nicht zugelassen hatten, dass die Umstände unser Herz mit negativen Gedanken füllten.

Motzen, nörgeln, meckern – das tut uns in den seltensten Fällen gut. Klagen dagegen ist etwas anderes: Ich spreche ehrlich vor Gott aus, was mich belastet. So wie die Psalmdichter es getan haben. Das Coole an den Psalmen ist jedoch, dass ihre Autoren zwar ihrem Frust Raum gegeben haben, aber dabei nicht stehen geblieben sind. Ihre Klage verwandelt sich am Ende immer in Lobpreis, weil sie wissen, dass Gott ihnen zugehört hat und er bei ihnen ist. Das ist das Entscheidende für uns Christen: Wir dürfen echt sein, und auch mal „angepisst", aber das Ziel sollte nicht sein, dort stehen zu bleiben, sondern die Umstände, die Zweifel, die

Nöte zu überwinden. Hierbei hilft uns Gottes Geist, denn er will unbedingt Freude und Freiheit in unser Herz ausschütten. Wichtig ist, dass wir bereit sind, unser Herz verändern zu lassen. Gott freut sich darauf!

#dosomething

Alles fühlt sich schrecklich an, deine Stimmung ist im Keller und du hast so gar keinen Bock auf irgendwas? Lass dich von Gott herausfordern und trau dich, in genau dem Moment das zu tun, was du eigentlich gar nicht möchtest: lachen. Lach einfach mal drauflos. Mindestens 60 Sekunden. Voll künstlich. Lache, so laut es geht (außer du sitzt im Zug, dann vielleicht nicht ganz so laut). Und schau mal, was mit deinem Herzen passiert. Vielleicht löst sich was, vielleicht wird deine Wut in Freude verwandelt. Vielleicht passiert auch nichts, dann hast du einfach eine Minute gelacht. Was ja auch schön ist.

PS.: Oder schau dir mal diesen Videoclip von Ludwig Albrecht auf YouTube an: https://www.youtube.com/watch?v=6e57Lvsb3Rc (oder einfach „lachen ist ansteckend" bei YouTube eingeben). 😊

Viel Spaß beim Fröhlichsein!

Marco Gogg ist Jugendreferent beim ECJA und hat eine Kornnatter mit dem Namen „Chess".

#nofame

Selbstlos leben – echt jetzt?

> **Paulus**
> … Ich habe sonst niemanden, der so zuverlässig ist und sich so selbstlos wie er um euch kümmern wird.
> >> Philipper 2,20; GN ✓✓

Bescheiden. Aufrichtig. Zuverlässig. Wer hätte nicht gern einen Freund mit solchen Eigenschaften? Aber Selbstlosigkeit als Lebensstil? Das ist doch wohl eine Spur zu krass, das kann Gott doch nicht von uns verlangen, oder?

Ich glaube, mit „Selbstlosigkeit" ist nicht gemeint, dass wir vor anderen kriechen müssen oder nicht mehr an uns und unsere Bedürfnisse denken dürfen. Sondern dass wir andere bewusst in den Blick nehmen – so, wie Jesus das gemacht hat. Ein kleines Beispiel gefällig?

Einmal haben wir mit einigen Schülern Muffins für ihre Schule gebacken und sie in der Pause gemeinsam verteilt. An jedem Muffin steckte eine Karte. „Du bist geliebt"

stand da drauf. Irgendwann gingen uns die Muffins aber aus. (Kostenlose Muffins gehen weg wie warme Semmeln!) Dann kam ein Schüler auf uns zu, der an dem Tag Geburtstag hatte, und gab uns seinen Geburtstagskuchen mit den Worten: „Den könnt ihr auch noch verteilen!" Und er half uns sogar noch dabei, die Kuchenstücke mit der kleinen Botschaft an die Mitschüler zu verteilen. Diese Geste war echt Jesus-like!

„Selbstlosigkeit" ist ein guter Begriff, um das Handeln dieses Schülers zu beschreiben. Selbstlos zu sein heißt, dass man genügsam ist, den anderen sieht und sich nicht in den Mittelpunkt stellt. Jesus selbst hat uns das vorgelebt. Er hat sich nie in den Vordergrund gedrängt, sondern hat andere großgemacht. Er lebte als einfacher Mensch, ohne eine bedeutende Position in der Gesellschaft zu haben. Er kam in diese Welt, nicht um selbst groß rauszukommen, sondern um die Menschen zu retten – und dafür an einem Kreuz zu sterben. Und all das, obwohl er doch Gott ist. Das ist wahre Selbstlosigkeit: etwas tun, und nicht besorgt darum zu sein, am Ende nicht den Ruhm dafür zu bekommen.

So einer war auch Timotheus, ein Mitstreiter von Paulus. Paulus war mächtig stolz auf ihn, weil Timotheus sich so treu um die Menschen in Philippi kümmerte, ohne dabei auf seinen eigenen Vorteil zu sehen (Vers 21). Ich glaube, wenn es zwei Dinge gibt, die Paulus so richtig gefeiert hat, dann diese: Jesus – und wenn Leute so handeln wie Jesus.

Selbstlosigkeit habe ich bisher besonders bei Menschen erlebt, die andere ermutigen. Ermutigung ist ein Zuspruch, eine Geste, ein Geschenk, eine Überraschung. Wenn wir andere ermutigen, geht es um das Wohl der anderen Person – nicht um uns selbst. Wir wollen dem anderen eine Freude machen, ihm sagen oder zeigen, dass sie gesehen ist.

Menschen, aus denen Jesus strahlt (so wie bei Timotheus oder dem Schüler oben), schauen auf das Bedürfnis des anderen. Und das Coole ist: Wenn du genau das tust, dann wirst du niemals zu kurz kommen. Dann versorgt Gott dich dabei gleich mit – beim Ermutigen zum Beispiel gibt es nichts Besseres, als die Freude des anderen zu sehen und sich mitzufreuen!

#dosomething

Überleg mal, wem du diese Woche alles begegnen wirst – oder wen du in den nächsten Tagen gerne ermutigen möchtest. Nimm dir eine Person vor. Du kannst sie mit Worten ermutigen (persönlich, per WhatsApp oder Postkarte), ihr praktisch helfen, ihr einfach nur zuhören und mit ihr mitfühlen, ihr etwas schenken, sie zu etwas einladen ... Vielleicht legt Jesus dir ja auch eine bestimmte Person aufs Herz (oder schenkt dir sogar einen Bibelvers für sie; dann traue dich, ihn mit der Person zu teilen).

Esther Nett ist Personalleiterin bei Pais Deutschland und ist selten bescheiden, wenn sie sich morgens Nutella auf ihr Brötchen schmiert.

#spenden
Vom Umgang mit Geld und Besitz

> **Paulus**
> Es erschien mir notwendig, Epaphroditus zu euch zurückzuschicken, meinen Bruder, Mitarbeiter und Mitstreiter. Ihr hattet ihn zu mir geschickt als Überbringer eurer Gabe, mit der ihr meinem Mangel abhelfen wolltet. 😊
> \>> Philipper 2,25; GN ✓✓

Würdest du dein Kind „Epaphroditus" nennen? Ich glaub, ich schlag den Namen mal meiner Frau vor, für unser nächstes Kind... Sie wird bestimmt begeistert sein! Die Kurzform könnte „Phrodi" sein – ist doch ganz nett – oder?

Die Bedeutung des Namens ist eigentlich super: Epaphroditus kommt von „liebevoll" oder „lieblich". Und das, was der „Phrodi" dem Paulus von den Philippern überbrachte, war ja wirklich „liebevoll", denn das war eine ordentliche Geldspende. Die Sache war nur etwas ungewöhnlich, da Paulus (wie er an anderen Stellen immer wieder schrieb) darauf bestand, keine Spenden anzunehmen.

Aber die Philipper wollten Paulus nun mal helfen. Und Spenden hat in der Bibel eine lange Tradition. Zunächst – im Alten Testament – bedeutete das, etwas von seinem Besitz oder seiner Ernte abzugeben. Und Gott versprach schon damals, dass Menschen durch das Abgeben selbst reich gesegnet werden sollten: „Bringt den zehnten Teil eurer Erträge in vollem Umfang zu meinem Tempel, damit in den Vorratsräumen kein Mangel herrscht! Stellt mich doch auf die Probe und seht, ob ich meine Zusage halte! Denn ich verspreche euch, dass ich dann die Schleusen des Himmels wieder öffne und euch überreich mit meinem Segen beschenke" (Maleachi 3,10; Hfa). Eine der Regeln Gottes war es also, dass die Menschen zehn Prozent ihres Einkommens spenden sollten.

Wie ist das mit dir und deinem Umgang mit Geld? Sparst du dein Geld am liebsten, um dir etwas Größeres leisten zu können? Oder haust du alles für Handys und Energy-Drinks raus? Sind deine Eltern reich oder eher arm? Und wie beantwortest du diese Frage, wenn du dich nicht nur mit den Menschen im deutschsprachigen Raum, sondern mit allen Menschen weltweit vergleichst? Hast du gewusst, dass wir hier in Deutschland, in Österreich und der Schweiz zu den 8 Prozent der reichsten Menschen der Welt gehören? Ich denke nicht, dass wir stolz darauf sein können – weil es nicht unser Verdienst, sondern ein großartiges Geschenk ist, dass die meisten von uns mehr als genug haben. Ich danke Gott immer wieder für den Luxus, in dem wir hier leben dürfen.

Geld und Besitz sind nichts Schlechtes. Viele Helden der Bibel (zum Beispiel Salomo oder Hiob) waren sehr

reich. Reichtum hat allerdings einen Haken. Jesus sagte mal: „Denn wo euer Schatz ist, da ist auch euer Herz" (Matthäus 6,21). Jesus weiß also, wie sehr uns Geld und Konsumgüter beeinflussen können; wie schnell wir „unser Herz daran hängen". Materielle Dinge können uns leicht das Gefühl geben, wir wären besser als andere, oder sie geben uns falsche Sicherheiten. Aber alles Geld der Welt ist für ein gelingendes Leben und für die Ewigkeit am Ende überhaupt nicht wichtig.

Das Gute ist: Gegen diese Gefahren gibt es eine Trainingsübung. Sie geht ganz einfach: Lerne jetzt schon, auch wenn du noch kein eigenes Geld verdienst, abzugeben. Mit anderen zu teilen, Geld zu spenden, Dinge weiterzugeben. Teilen fängt beim Schokoriegel an und hört beim Geldspenden noch lange nicht auf: Man kann auch Zeit, seine Kraft und Energie oder seine Talente verschenken...

Hier ein kurzer Check, was wir von „Phrodi" und diesem Vers aus Philipper 2,25 lernen können.

Überlege: Wer hat Mangel?
Die Philipper wussten, dass Paulus echten Mangel hatte. Sie selbst waren vermutlich auch größtenteils arm, aber sie gaben dem, der es noch nötiger hatte. Welcher Mangel bewegt dich am meisten? Die Obdachlosen in deiner Stadt, die arme Familie in deiner Straße, hungernde Kinder in armen Ländern oder...? Was sagt dein Herz?

Überlege: Wer ist vertrauenswürdig?
Paulus lobt „Phrodi", nennt ihn seinen „Bruder" und bezeichnet ihn als sehr zuverlässig. – Ich finde es wichtig, dass ich

an Organisationen spende, bei denen ich weiß: Das Geld kommt an und wird beispielsweise nicht für teure Werbekampagnen oder hohe Vorstandsgehälter ausgegeben. Suche nach vertrauenswürdigen Empfängern.

Geben ist ein Gottesdienst!
Das Wort, das im Griechischen in diesem Vers für „Überbringer meiner Gaben" steht, kann auch mit „Priester" übersetzt werden. „Phrodi" ist mehr als nur der Kurierbote für Paulus, sondern eine Art Vermittler zwischen Gott und Paulus. Denn Geben ist ein heiliger Akt. Eine Aktion, die Gott gefällt und die ihm dient. Deswegen ist „Teilen" mehr als eine nette Geste; damit wird Gott für die Gaben geehrt, die er mir geschenkt hat und die ich weitergeben darf. Ein cooler Gottesdienst, wie ich finde!

Geben aus Liebe
Epaphroditus bedeutet „liebevoll". Das kann uns daran erinnern, dass wir immer freiwillig, von Herzen und mit Liebe geben sollten. (Nicht, weil ein Buchautor das schreibt oder deine Mama das sagt.) Liebe ist es nur, wenn es aus Freiheit geschieht.

#dosomething

Du ahnst es schon: Jetzt geht es darum, etwas loszuwerden. Setze eine oder alle drei der folgenden Ideen um, und schreib mir gerne auf Instagram (@christipahl), wie es gelaufen ist!

- Spende diese Woche Geld für eine gute Sache, eine Gemeinde ... (oder für das CHRISTIVAL 😊).
- Verschenke bewusst eine Sache, die dir persönlich etwas bedeutet.
- Nimm dir vor, morgen mehr Essen einzupacken, und verteile es großzügig. Und dann schau mal, was passiert ... 😉

Chris Pahl ist einer der Chefs des CHRISTIVAL22 und Initiator dieses Buches. Er lebt von Spenden, spendet selbst, seitdem er klein ist, und mag sein Sparkonto zu gerne.

#lebensfreude

Freude, die von innen kommt

> **Paulus**
> Weiter, meine Brüder und Schwestern: Freut euch in dem Herrn! 😊😊 Dass ich euch immer dasselbe schreibe, verdrießt mich nicht und macht euch umso gewisser.
> \>\> Philipper 3,1; LUT 17

Freu dich! Freu dich! Freu dich! Immer wieder hämmert Paulus das den Leuten in Philippi an oder besser *in* den Kopf. So oft, dass es ihm sogar selbst schon auffällt.

Aber was soll das? Waren die Menschen in Philippi so depri drauf, dass sie immer wieder eine Motivation brauchten? So ganz nebenbei: Wenn ich Paulus' Situation, in der er das schreibt, anschaue – er sitzt ja immer noch im Knast –, dann hat er eigentlich wenig Grund, sich zu freuen. Ist der Spruch dann vielleicht so eine Art Selbstmotivation? So nach dem Motto: Ich sag es den anderen immer wieder – und dadurch fühl ich mich besser?

Ich glaube nicht. Die Freude, von der Paulus immer und immer wieder redet, sitzt bei ihm ganz tief drin. Sie ist nicht aufgesetzt oder oberflächlich, sondern für ihn eher wie ein Geschenk, das er bekommen und das ihm schon in vielen schwierigen Situationen geholfen hat. Die Schwierigkeiten und Herausforderungen in seinem Leben konnte er dadurch aus einer anderen Perspektive sehen.

Apropos Schwierigkeiten: Als wir als Eltern die Leukämie-Diagnose unseres Kindes bekommen haben, war das ein Moment, der alles andere als schön war. Die darauffolgenden Tage, Wochen und Monate mit Chemotherapie und allem, was sonst noch dazu gehört, hatten das Potenzial, uns so richtig runterzuziehen. In dieser Situation hat uns genau diese andere Perspektive immer wieder geholfen: dass wir unsere Sorgen abgeben können an den, der stärker ist als der Tod. Dass wir unsere Angst teilen können mit dem, der weiß, was Angst ist, und der sie in Hoffnung verwandeln kann. Dieses Teilen- und Abgeben-Können hat uns immer wieder die Ruhe gegeben, um die verschiedenen Herausforderungen mit all ihren Höhen und Tiefen bewältigen zu können.

Ich kann mir vorstellen, dass es bei Paulus genauso war. Freude, wie er sie hier meint, bedeutet ja nicht, dass man auf der Bierbank tanzt oder in absolute Ekstase versetzt die ganze Welt umarmt. Sondern eher, eine Ruhe über Dinge zu bekommen, die mich runterziehen oder mir auch Angst und Sorgen machen. Eine Zufriedenheit zu empfangen und einen Blick über den Tellerrand hinaus zu erhaschen, der mir wieder eine Perspektive und eine Hoffnung schenkt.

„Freut euch in dem Herrn!" heißt die Challenge, die Paulus auch dir heute mitgeben will. Ganz besonders, wenn du derzeit mit Schwierigkeiten zu kämpfen hast. Entdecke die Hoffnung und eine neue Perspektive! Lass dir Zufriedenheit und Ruhe schenken! Aber diese Freude kannst du nicht machen, die kannst du dir nur von Gott selber schenken lassen. Wie? Indem du ihn ganz konkret in die Schwierigkeiten und Probleme, in alles, was dir Kopfzerbrechen bereitet, mit hineinnimmst.

„Freut euch IN dem Herrn!" Wir hätten vielleicht geschrieben: „Freu dich an dem Herrn" oder „mit dem Herrn". Aber dieses „in" kann uns darauf hinweisen, dass Gott eine ganz enge Beziehung zu mir und dir haben möchte. Er bietet uns an, alles an ihn abzugeben, und er ist es, der dir und mir Veränderung schenken möchte.

#dosomething

Nimm dir Zeit, deine Beziehung zu Gott zu checken. Ist er bei dir, mit dir oder tatsächlich auch in dir? Wenn er „nur" Mitläufer ist, dann lade ihn heute doch noch mal bewusst ein, wirklich „in" dir zu wirken. Zur Bekräftigung kannst du eine Hand auf die Brust legen und dir vorstellen, wie Gott in dich hineinkommt.

Dann teile mit ihm die Dinge, die dir Sorgen machen, die dich runterziehen – und bete ganz konkret für Veränderung. Wenn du magst, mach daraus ein „Sorgen-abgeben-Ritual": Schreibe das, was dich belastet, mit einzelnen Schlagwörtern auf Klopapier (Filzstift geht am besten). Und dann spüle es die Toilette runter!

Andy Müller *ist Referent für Jugendevangelisation beim Deutschen EC-Verband und wohnt mit seiner Familie in der Nähe von Kassel. Bei allen Höhen und Tiefen sind ihm zwei Worte in den letzten Jahren wichtig geworden: GOTT KANN!*

#böse

Wie man mit fiesen Typen umgeht

> **Paulus**
> Nehmt euch in Acht vor den Hunden! Nehmt euch in Acht vor den bösen Arbeitern! Nehmt euch in Acht vor den Verstümmelten! [Damit meine ich: Nehmt euch in Acht vor Menschen, die euch in verschiedener Hinsicht schaden wollen.]
> \>> Philipper 3,2

Ich erinnere mich noch gut an die Warnungen meiner Eltern, als ich in der 5. Klasse zum ersten Mal alleine mit der U-Bahn fahren musste. Quer durch Frankfurt am Main, zur Schule und wieder zurück.

So manche U-Bahn-Station war berühmt dafür, dass sich dort jede Menge seltsame Gestalten aufhalten – in Zeitungsartikeln konnte man immer wieder über Diebstähle und so manchen Drogen-Deal lesen, die dort an der Tagesordnung zu sein schienen. Und ja, das Hobby dieser Typen war es offensichtlich auch, kleinen Personen wie mir tierisch Angst einzujagen.

„Nimm dich vor ihnen in Acht!", sagte meine Mutter immer wieder. Denn sie wusste: Es gibt kein Leben ohne Gefahren. Aber man kann mancher Gefahr aus dem Weg gehen. Nein, nicht, in dem man darauf wartet, dass ein Risiko einfach verschwindet, sondern, indem man so klug ist, sich gewissen Risiken gar nicht erst auszusetzen.

Bis heute bin ich ein Mensch, der keinen Bock auf Stress und Gefahren hat. Wenn ich weiß, dass eine Sache gefährlich wird, gehe ich ihr lieber aus dem Weg. Für die einen bin ich deswegen vielleicht ein Weichei, für andere eher klug.

Paulus warnte die Christen damals ebenfalls vor Gefahren:

- vor Menschen, die Lügen verbreiteten und versuchten, die neu gegründeten Gemeinden auseinanderzutreiben, indem sie die Mitglieder in Streit verwickelten („falsche Apostel" und „Betrüger", siehe 2. Korinther 11,13);
- vor Leuten, die Tag und Nacht damit beschäftigt waren, anderen das Leben schwer zu machen. Paulus nennt sie sehr krass „Hunde" (zur Erklärung: Damals gab es noch keine Haustiere, Hunde waren eher wilde Tiere, die nur auf ihr Überleben aus waren.);
- vor „bösen Arbeitern" (so bezeichnete er Leute, die im Auftrag anderer handelten, die böse Absichten hegen);
- vor den „Verstümmelten" (Menschen, die behaupteten, fromme Juden zu sein, aber Gott nicht ernst nahmen –

und somit dazu beitrugen, dass Menschen schlecht über ihren Gott dachten).

Vielleicht würde Paulus heute von „miesen Typen", „Mobbern" und „Egoisten" schreiben.

Wichtig finde ich, dass es hier nicht darum geht, diese Menschen zu verurteilen. Jesus selbst hat uns dazu aufgerufen, für unsere Feinde zu beten und diejenigen zu segnen, die uns verfluchen. Er wünscht sich, dass wir diese Menschen lieben, auch wenn wir ihr Verhalten zutiefst verurteilen oder gefährlich finden. Daher der Tipp von Paulus: „Nehmt euch in Acht" – oder konkret gesagt: „Pass auf, welchem Einfluss du dich aussetzen willst. Denke darüber nach, welches Verhalten du gut findest und welches nicht. Lass dich nicht davon abbringen, Gutes zu tun und Unrecht konkret anzusprechen. Versuche, Hass mit Liebe zu begegnen, und Böses nicht nachzuahmen, sondern anderen das Gute vorzuleben."

Ich weiß, das ist alles andere als leicht – aber unbeschreiblich wertvoll.

Stell dir vor, es gibt eine Welt, in der Eltern nicht mehr vor den zwielichtigen Gestalten an U-Bahn-Stationen warnen müssen, sondern ihren Kindern Mut machen, so vielen Menschen wie möglich Vertrauen zu schenken... weil das Herz eines jeden Menschen voll ist von guten Gedanken und Gottes Liebe... Zu schön, um wahr zu sein? Vielleicht kommen wir ja einer solcher Welt näher, wenn wir auf uns und auf andere achtgeben und ihnen davon erzählen, wie gut Gott es mit ihnen meint!

#dosomething

- Überleg mal: Welche Menschen haben derzeit einen schlechten Einfluss auf dich? Warum verbringst du dennoch Zeit mit ihnen? Wo wäre es besser, etwas Abstand zu halten?
- Mach dir einen Moment lang Gedanken darüber, wo du vielleicht manchmal Dinge tust, die nicht gut sind – für dich und für andere.
- Und werde konkret: Pack die fiesen Typen und Egos ganz oben auf deine Gebetsliste und fang an, Gott darum zu bitten, dass er sie verändert. Frag ihn, wo du einen Teil dazu beitragen kannst.

Daniel Gass ist Landessekretär im CVJM Bayern und weiß heute, dass seine Eltern recht hatten mit ihren Lebenstipps. Jetzt genießt er es, dass er von ihnen kochen gelernt hat, mit ihnen zusammensitzen und unter anderem darüber reden kann, warum er keine Angst mehr vor anderen hat.

#dubistdu
Lebe Gottes Ja zu dir

> **Paulus**
> Denn ich gelte nicht als gerecht, weil ich das Gesetz befolge, sondern weil ich an Christus glaube. 🙏 Das ist Gerechtigkeit, die von Gott kommt und deren Grundlage der Glaube ist.
> \>\> Philipper 3,9 ✓✓

Jahrelang fühlte ich mich immer ein kleines bisschen zu frech, zu trotzig und zu temperamentvoll für das, was damals allgemein als „christlich" galt. Ich scheiterte immer wieder an meiner eigenen Vorstellung davon, wie ich in Gottes Augen sein und handeln sollte.

Ein solcher Glaube ist auf Dauer ganz schön anstrengend. Wer ständig denkt, dass er Gott und seinen Ansprüchen und Erwartungen nicht gerecht wird, dem kann das regelrecht die Luft zum Atmen abschnüren und der landet so vielleicht irgendwann sogar in einem „Burn-out"... So eine „Regel-gerechte" Art des Glaubens macht nicht nur gar keinen Spaß, sondern geht auch komplett an dem vorbei, was die Bibel über die Kraft des Glaubens erzählt hat.

Im Vers oben lesen wir: Im Glauben an Jesus und an Gott geht es um *Liebe*, nicht um Gesetze. Jesus nachzufolgen bedeutet nicht, starre Regeln zu befolgen. Dein Leben darf leicht sein. Es darf schön und glücklich sein. Du darfst schön und glücklich sein. Du darfst und sollst genau so sein, wie du bist. Du darfst auch Fehler machen, schwach und überfordert sein, Grenzen haben und auch anecken. Du darfst traurig, wütend, gefrustet, erschöpft, überdreht, euphorisch, froh, frei und frech sein – das hat alles Platz bei Gott!

Einzig und allein Gottes Ja zu dir und deine Antwort auf seine Liebe sind das, was dich in seinen Augen gerecht macht.

Du darfst wissen: Du bist wunderbar, einzigartig, begabt und befähigt! So entsteht Leichtigkeit in deinem Leben und deinem Glauben. So entsteht Raum, in dem du Gott und auch dich selbst lieben kannst. Und wenn du Liebe für Gott und dich selbst im Herzen hast, kannst du auch mit Neugier über deinen „Tellerrand" hinausschauen – und entdecken, was dein einzigartiger Platz in dieser Welt ist. Gottes Ideen für dein Leben sind immer FÜR dich und wollen dich großmachen – nicht kleinhalten.

Vergiss nie: Niemand ist so wie du. Deshalb darfst du deinen ganz eigenen Weg entdecken: Wofür schlägt dein Herz? Was lässt dich aufblühen? Was macht dich richtig wütend und weckt in dir den Wunsch, etwas in dieser Welt zu verändern? Dort, wo sich dein Wesen, deine besondere Begabung und die Nöte und Herausforderungen treffen, da kann Gott großartige und unberechenbare Wunder tun – wenn du dich von ihm gebrauchen lässt. Dann verwandelt sich die Welt mehr und mehr in einen Ort, an dem auch andere die Freiheit haben, ganz sie selbst zu sein und ihre Berufung in der Welt zu leben.

„Sei frech, wild und wunderbar" hat Astrid Lindgren einmal gesagt. Du kannst mit alldem, wer und wie du bist, die Welt verändern! Lass dich nicht verbiegen. Stell dich ruhig aufrecht hin, spüre den Rückenwind Gottes und dann: Zeig dich!

#dosomething

Entdecke deine Gaben und deinen Auftrag in dieser Welt!

- Was magst du so richtig an dir? Schreib doch mal mindestens drei Eigenschaften auf, die du an dir, an deiner Persönlichkeit und deinen Gaben magst – und was du an deinem Leben feierst. Was kannst du richtig gut? Wann im Alltag erlebst du dich selbst so richtig „im Flow"? Leg dir diesen Zettel am besten in deine Bibel.
- Steckt in dem, was du so richtig an dir magst, und in dem, was du richtig gerne machst, vielleicht auch etwas, das anderen eine Freude machen kann? Etwas, dass die Welt ein Stück schöner und gerechter machen kann? Wenn ja, dann überleg doch mal, wie du deine Stärken für andere einsetzen kannst.

Tabea Gutmann hat in ihrem Theologie-Studium gemerkt, wie sehr ihr Glaube von einem „Richtig und falsch"-Denken geprägt war. Heute hat sie in ihrer Arbeit bei der Initiative „Micha Deutschland e. V." viel mit dem Begriff „Gerechtigkeit" zu tun. Und hat dabei gemerkt: Wenn man sich für Veränderung und Gerechtigkeit in der Welt einsetzen will, muss man erst mal seinen eigenen Standpunkt finden.

#vorbild
Hidden champions

> **Paulus**
> Folgt meinem Vorbild, Brüder und Schwestern! Nehmt euch ein Beispiel an denen, die so leben, wie ihr es an uns beobachten könnt.
> \>\> Philipper 3,17   ✓✓

Lieber Busfahrer,
seit fünf Jahren fahre ich mit deiner Linie zur Arbeit und kenne nicht mal deinen Namen. Ob es regnet, schneit oder die Sonne scheint, kreischende Schulkinder durch den Bus toben oder eine ältere Dame ihr Kleingeld sucht: Du bist immer da. Und ich habe das Gefühl, du hast immer gute Laune. Wenn ich länger nicht mehr eingestiegen bin, fällt dir das auf. Ich bewundere es, wie du den Überblick behältst und zwinkernd nachfragst, wie es mir so gehe und wo ich in den letzten Wochen abgeblieben sei. Dann freue ich mich, dass du mein Fehlen bemerkt hast. Wegen dir habe ich schon herzlich gelacht, zum Beispiel, wenn du dir vor Feiertagen oder bei einer besonders umständlichen Verkehrs-

führung das Mikrofon geschnappt hast, um eine Durchsage zu machen. Meistens können sich dann selbst die grimmig dreinblickenden Fahrgäste ein Lächeln nicht verkneifen.

Letztens saß ich in deinem Bus und habe beobachtet, wie du geduldig die Schimpftirade eines älteren Herrn ertragen hast. All seinen Frust über das schlechte Wetter und den unpünktlichen Nahverkehr sowie diese „Scheiß-Pandemie" bekamst du ab. Du hast geduldig zugehört und dich für die Verspätung, für die du gar nichts konntest, entschuldigt. Ich hätte das sicher nicht geschafft. Wahrscheinlich hätte ich mich gerechtfertigt oder schlechtgelaunt zurückgemault.

Als ich klein war, war mein Vorbild Aschenputtel. Denn sie ist bescheiden, hat einen guten Draht zu Tieren, sie ist die Hübscheste von allen und – nicht zu vergessen – sie wird Prinzessin. Manchmal war auch Batman mein Vorbild. Denn der hilft den Schwachen, bekämpft das Böse und hat unfassbar cooles Equipment. Vorbilder – für mich waren das die Superheros aus dem Märchen oder schillernde Persönlichkeiten, die die Geschicke dieser Welt beeinflussen.

Doch neulich habe ich gecheckt, dass du ein ziemlich krasses Vorbild für mich bist. Eins aus dem echten Leben. Ich find es richtig stark, wie liebevoll und geduldig du mit den Menschen umgehst. Richtig jesusmäßig, falls dir das was sagt. Ich weiß nicht, ob dir das bewusst ist, aber du machst einen Unterschied in dieser verrückten Welt. Durch dich habe ich gelernt, dass man kein Batmobil braucht, um sich vorbildlich zu verhalten. Danke dafür!

Julia

#dosomething

- Welche Eigenschaften magst du an dir selbst?
- Wer imponiert dir und warum?
- Mit welchen Attributen würdest du diese Person beschreiben?

geduldig großherzig herzlich gastfreundlich zuverlässig organisiert empathisch mitfühlend beruhigend sicher aktiv kreativ bodenständig unempfindlich ernst uneitel elegant einladend begabt mitreißend erfrischend individuell anspruchsvoll emotional charmant positiv unermüdlich sanft verbindlich begeistert natürlich konsequent unterhaltsam ruhig wohltätig laut objektiv treu stark redegewandt locker flexibel elegant nahbar fair empfindlich frei strukturiert ideenreich spontan aufmerksam temperamentvoll heiter enthusiastisch tolerant persönlich leidenschaftlich friedlich charismatisch produktiv entwaffnend clever rechtschaffend feinfühlig gläubig demütig lässig findig umweltbewusst kompromissbereit kühn musikalisch facettenreich extravagant dynamisch genau echt eloquent abenteuerlustig unparteiisch leise zwanglos fesselnd niveauvoll transparent seriös gebildet selbstständig hilfsbereit gefühlsbetont integrativ realistisch geschickt zart handwerklich wild gewissenhaft stetig gnädig handfest offen herzlich smart wandlungsfähig rücksichtsvoll innovativ revolutionär junggeblieben klug unkompliziert liebenswürdig unbeirrbar humorvoll stolz optimistisch

- Unterstreich dir: das mag ich an mir selbst
- Kreise ein: das imponiert mir an der Person

unbeschwert praktisch quirlig überraschend strukturiert radikal freundlich zufrieden raffiniert aufrichtig glaubwürdig routiniert prägnant sachlich zielsicher robust schlagfertig höflich bescheiden schwungvoll pragmatisch furchtlos selbstbestimmt konstruktiv unerschrocken selbstlos präsent sensibel hoffnungsvoll gelassen sportlich konkret genügsam standhaft talentiert stürmisch tapfer spitzfindig pflichtbewusst gesellig überlegt offensiv prinzipientreu unkonventionell tiefgründig up to date umsichtig romantisch fleißig sozial pünktlich verantwortungsbewusst verständnisvoll traditionsbewusst stressresistent unvoreingenommen wachsam zuversichtlich selbstkritisch gerecht zurückhaltend teamfähig krass ordentlich überzeugend selbstbewusst respektvoll...

Julia Spliethoff ist Redakteurin beim DRAN-Magazin. Im Bus sitzt sie am liebsten mit den coolen Kids in der letzten Reihe.

#dynamit

Eine Kraft, die alles verändert

> **Paulus**
> Mein Ziel ist es, Jesus kennen und verstehen zu lernen. Ich will die Kraft seiner Auferstehung an mir erfahren – und auch an seinen Leiden teilhaben. Ja, ich will ihm gleich werden bis in den Tod hinein.
> \>\> Philipper 3,10; das buch ✓✓

Wir kamen gegen Mitternacht vom Flughafen nach Hause. Die Stimme meiner Mutter war auf dem Anrufbeantworter. Das war noch, bevor es Handys, Smartphones, PCs, E-Mails, WhatsApp, Facetime und so weiter gab. Die Nachricht: „Dein Bruder hatte einen schweren Autounfall und liegt im künstlichen Koma. Ruf an, egal, wie spät es ist!"

Am nächsten Tag fuhren wir dann zum Krankenhaus. Auf der Intensivstation wusste ich sofort: Johannes ist tot, auch wenn er noch künstlich beatmet wird. Der Unfall hatte seinen Kopf zertrümmert. Als wir dann an seinem Grab

standen, drängte sich unüberhörbar in mir die Frage auf: War das jetzt alles? 39 Jahre Leben, ein Business, das er aufgebaut hatte, zwei Töchter, die gerade ihren Vater verloren hatten?

Spätestens dann, wenn wir an einem Grab stehen, stellen wir Menschen viele Fragen: Warum gibt es den Tod? Gibt es ein Leben nach dem Tod? Welchen Sinn hat mein Leben? Gibt es tatsächlich so was wie die Ewigkeit? Und angesichts der Vergänglichkeit stehen wir vor einer ganz grundlegenden Frage: Stimmt das mit der Auferstehung von Jesus wirklich? Ist sie tatsächlich so passiert? Oder ist das nur ein frommes Märchen, eine schöne Geschichte, die uns besänftigen und uns nur was vortäuschen soll?

Die ersten Nachfolger von Jesus waren absolut überzeugt davon, dass Jesus den Tod wirklich überwunden hat. Dass er nach der grausamen Hinrichtung am Kreuz nicht im Grab geblieben, sondern durch die Kraft Gottes auferweckt worden ist. Diese Kraft der Auferstehung war und ist stärker als alles. Weil Jesus auferstanden ist, werden auch die, die zu ihm gehören, einmal auferstehen und in Ewigkeit leben. Das ist eine absolut großartige, hoffnungsvolle Botschaft für dich und mich!

Aber die Kraft der Auferstehung ist nicht erst nach unserem Tod wirksam. Sondern schon jetzt, hier und heute. Das wollte Paulus erleben, und das können auch wir erleben. Diese Kraft kann unser Leben verändern. Weil Jesus auferstanden ist, gibt es Hoffnung in jeder scheinbar noch so hoffnungslosen Situation. Hoffnung selbst auf der Intensivstation und am Grab. Und es können Wunder geschehen, wenn der auferstandene Jesus in unserer Mitte ist. Für die ersten Christen waren all das keine leeren Worte, sondern Wirklichkeit. Die „Dynamis", die explosive Kraft der Auferstehung, haben sie mitten in ihrem Alltag erlebt.

Aber auch das andere haben sie erlebt: dass sie leiden mussten. Die Jesus-Jünger wurden verleumdet, verfolgt, ins Gefängnis geworfen, ja, sogar getötet. Ihr Bekenntnis zu Jesus als ihrem Herrn war für die Mächtigen in ihrem Land ein Ärgernis, ja, eine Art Kampfansage. Die Herrscher fühlten sich bedroht und provoziert, weil es Menschen gab, die jemand anderen verehrten als den König. Und deswegen mussten die Christen aus dem Weg geräumt werden. Doch die waren bereit, den Preis dafür zu zahlen. Schließlich musste ja auch ihr Lehrer und Meister Jesus leiden und sterben. Und so akzeptierten sie ganz bewusst, dass sie durch ihr Christsein Nachteile haben und sogar Leid erleben würden.

Auch Paulus, der ehemalige Christenverfolger, akzeptierte das. Jesus zu erkennen hieß für ihn beides: seine Kraft zu erleben und mit ihm zu leiden – wenn es sein muss, bis zum Tod. So eine Einstellung ist extrem, krass. Aber Paulus bekam die Kraft, diese Überzeugung zu leben, weil die Auferstehung von Jesus für ihn real war. Und weil er die Auferstehungskraft in seinem Leben – selbst mitten im Leiden – immer wieder erlebte.

Bis heute machen unzählige Jesus-Nachfolger dieselbe Erfahrung wie Paulus. Sie leben gefährlich, weil sie an Jesus glauben – in zahlreichen Ländern werden Christen benachteiligt, bespitzelt, drangsaliert, umgebracht. Sie stehen – wie Paulus – bis zuletzt zu ihrer Überzeugung. Genauso wie Paulus wollen sie Gott und seine Kraft erleben, und dafür

auch bereit sein, wie Jesus zu leiden. Wenn sie für Jesus gestorben sind, nennt man sie auch „Märtyrer".

Man kann sich jetzt fragen: Woher nehmen diese Christen ihren Mut und ihre Kraft? Sind sie irgendwie „übermenschlich" – #superhuman also? Nein, sie sind ganz normale Menschen. Aber weil Jesus wirklich auferstanden ist und der Tod nicht das letzte Wort hat, haben sie die Kraft gefunden zu einem neuen Leben. Eine Kraft, die alles verändert.

Übrigens: Wusstest du, dass die Kränze, die man auf die Gräber legt, etwas mit den ersten Christen und der Hoffnung zu tun haben? In der Antike wurde jemand, der einen Wettkampf gewonnen hat, mit einem Siegeskranz ausgezeichnet (heute die Medaille). Und seit den ersten Christen sind Kränze ein Symbol des Sieges, der Freude und der Hoffnung geblieben. Denn sie erinnern daran, dass man mit Jesus jeden Wettkampf des Lebens gewinnen kann. Auch wenn es so aussieht, als hätte man verloren.

#dosomething

- Überleg mal, was es für dich bedeuten könnte, für Jesus zu leiden. Zum Glück ist es in unserem Land nicht lebensgefährlich, Christ zu sein. Aber welche Nachteile könntest du erfahren, wenn du bewusst als Christ lebst bzw. dich vor anderen als Christ outest? Bist du bereit, diese Nachteile in Kauf zu nehmen?
- Wo möchtest du ganz konkret in deinem Leben „dynamis", also die Auferstehungskraft von Jesus, erleben?

Für welche Situation, welchen Lebensbereich brauchst du besonders seine Kraft? Bitte ihn doch ganz konkret darum.

- Wenn du magst, stell dich mit ausgebreiteten Armen vor einen Spiegel und sprich diesen Satz: „Ich will Jesus erkennen und die Kraft seiner Auferstehung. Und ich bin bereit, mit ihm und für ihn zu leiden." Natürlich nur, wenn du das wirklich so meinst.

Roland Werner ist Theologieprofessor, ehemaliger CHRISTIVAL-Vorsitzender, Jesus-Freund und Bibelübersetzer und begleitet als Mentor jüngere Leiter.

#herzensmenschen
Sag ihnen, was sie dir bedeuten!

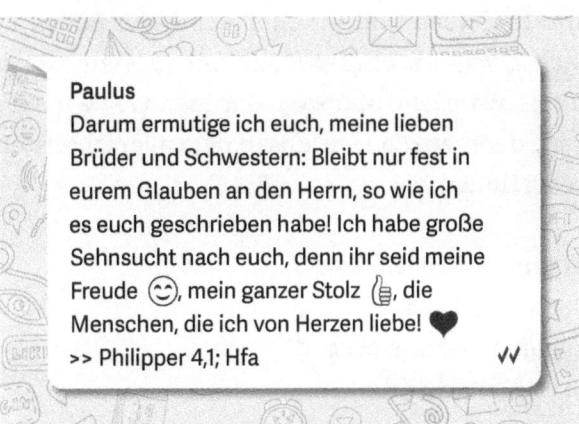

Paulus
Darum ermutige ich euch, meine lieben Brüder und Schwestern: Bleibt nur fest in eurem Glauben an den Herrn, so wie ich es euch geschrieben habe! Ich habe große Sehnsucht nach euch, denn ihr seid meine Freude 😊, mein ganzer Stolz 👍, die Menschen, die ich von Herzen liebe! ♥
>> Philipper 4,1; Hfa

Vor mir auf dem Schreibtisch steht eine Tasse. Meine neue Lieblingstasse. Eine Freundin hat sie mir kürzlich zum Geburtstag geschenkt. Vorn ist ein kleines Tütchen zu sehen, aus dem Hunderte kleine Samen nur so herausrieseln. Inmitten der vielen kleinen, gelben Samenkörnchen stehen Sätze wie:

„Ich bin Gottes gute Idee."
„Ich bin eine Freiheitbringerin."

„Ich bin dankbar."
„Ich bin in Gottes Familie adoptiert."
„Ich bin wunderbar gemacht."
„Ich bin unendlich geliebt."
„Ich bin nicht allein.
„Ich bin im Ebenbild Gottes geschaffen."

Und im Inneren der Tasse kann man lesen: „Die Dinge, die wir glauben, sind wie Samen, die wir in unsere Herzen pflanzen. Unsere Herzen sind wie ein fruchtbarer Boden, in dem das wächst, was wir eingepflanzt haben. Wenn wir Samen mit Gottes Wahrheit pflanzen, darüber, wer wir sind und wer er ist, dann werden wir uns in dem allerschönsten Garten wiederfinden."

Ermutigung ist ansteckend.
Liebe ist ansteckend.
Großzügigkeit ist ansteckend.
Freude ist ansteckend.

Je mehr wir diese Dinge miteinander teilen, desto mehr werden wir sie in unserem Leben erfahren.
    Paulus ist diese Wahrheit vertraut. Er weiß, welche Wirkung Worte haben können. Er weiß, wie gut es sich anfühlt, wenn Liebe, Freude, Freundschaft und Stolz im allerbesten Sinne geteilt werden. Er versteht total, dass wir uns gleich zwei Zentimeter größer fühlen, wenn uns jemand anerkennend auf die Schulter klopft. Darum geht Paulus in diesem Vers aufs Ganze. Er fordert seine Glaubensgeschwister in Philippi auf, an ihrem Glauben an Jesus festzuhalten. Nicht

aufzugeben, auch wenn es schwierig ist. Auf das zu hören, was er ihnen bereits geschrieben hat. Und all das schreibt er, weil er sie von Herzen liebt. So einfach ist das. Paulus liebt die Philipper. Sie sind für ihn Herzensmenschen.

Frage an dich: Wie oft sagen wir den Menschen in unserem Leben, dass wir sie von Herzen lieben? Dass wir uns über sie freuen? Dass wir stolz auf sie sind? Dass wir sie vermissen? Dass wir dankbar für sie sind? Dass wir ihre Jesusbeziehung inspirierend finden?

Ist es nicht so, dass wir das leider viel zu oft vergessen? Wir denken einfach nicht daran, die Dinge, die wir füreinander empfinden, zum Ausdruck zu bringen. Ist ja auch alles ein bisschen selbstverständlich. Und wenn wir ehrlich sind, dann fühlt es sich auch ein wenig unangenehm an, so über unsere Gefühle für andere zu sprechen, ihnen Komplimente zu machen oder sie unsere Dankbarkeit spüren zu lassen... Gefühle zeigen macht uns verletzlich, und das mag schließlich niemand so richtig.

Aber was, wenn wir anfangen würden, unsere Gefühle mehr zu zeigen?! Und wie Paulus aufs Ganze zu gehen? Einander anzufeuern, zu ermutigen, zu loben, die Erfolge der anderen zu feiern? Uns gegenseitig im Glauben zu stärken? Wäre es dann nicht genau so, wie mit den kleinen Samenkörnchen auf meiner Tasse? Es würden Samen der Ermutigung nur so herabregnen, und aus ihnen würde in unserem Leben und im Leben der Menschen um uns herum der allerschönste Garten heranwachsen... Und so wie Pippi Langstrumpf könnten auch wir uns damit die Welt ein Stück weit so machen, wie sie uns gefällt.

In diesem Sinne: Sei mutig und ansteckend! Teile mit anderen Liebe, Freude und Dankbarkeit. Sei großzügig und ermutigend. Zeige Gefühle. Teile deinen Glauben und deine Erlebnisse mit Jesus. Und du wirst sehen, wie du Stück für Stück die Welt veränderst.

#dosomething

Verschenke Herzensgrüße an einen deiner Herzensmenschen! Schokoherzen, Pralinen in einer Herzschachtel, ein Post-it in Herzform mit einer netten Botschaft, gib eine herzliche Umarmung weiter, einen Herz-Luftballon, eine schöne Karte mit Herz... Werde kreativ! Übrigens: Dieser Herzensmensch kann auch jemand aus deiner Familie sein!

Sam Mail ist Pastorin. Sie arbeitet als Referentin für die Arbeit mit Jugendlichen und jungen Erwachsenen in der Bundesgeschäftsstelle des Gemeindejugendwerks. Sie liebt es, Karten und WhatsApp-Nachrichten zu schreiben, in denen sie anderen Menschen sagt, was sie besonders toll an ihnen findet.

#peace
Weltfrieden: Traum oder Realität?

> **Paulus**
> Und der Friede Gottes, der alles Verstehen übersteigt, soll eure Herzen und Gedanken behüten. Er soll sie bewahren in der Gemeinschaft mit Jesus Christus. 🙏
> \>> Philipper 4,7 ✓✓

„Stell dir vor, es ist Krieg und keiner geht hin." Ein bekanntes Zitat, das angeblich von Bertolt Brecht stammen soll. Wichtiger aber als der Verfasser ist der Inhalt. Eine Welt ohne Krieg, weil sich die Menschen für das Richtige entscheiden – ist das nur ein Traum oder könnte das tatsächlich Realität werden? Kann es eine Welt geben, in der es die Menschen schaffen, in friedlicher Gemeinschaft zu leben, ohne einander auszubeuten oder zu bekämpfen?

Viele Menschen treibt diese Vision jeden Morgen aus dem Bett, um für Hilfsorganisationen zu arbeiten. Sie ermutigt Menschen, Geld an arme Länder zu spenden, und führt

Ärzte in die entlegensten Regionen dieser Welt, um dort Menschen das Leben zu retten. Überall auf der Welt setzen sich Menschen für den Frieden ein.

Dennoch scheint die Idee von einer Welt ohne Krieg mehr eine fiktive Vorstellung zu sein als eine erreichbare Möglichkeit. Schließlich sehen wir in den Nachrichten und Social-Media-Posts tagtäglich, wie Menschen unter Unterdrückung und Krieg leiden: Männer und Frauen werden ausgepeitscht, weil sie eine andere sexuelle Orientierung haben, Journalisten werden ins Gefängnis gesteckt, weil sie das Regime kritisieren, und wieder andere sterben durch eine Autobombe, weil sie zur falschen Zeit am falschen Ort waren.

Die Bibel geht davon aus, dass jeder Mensch tief in seinem Herzen etwas hat, dass ihn zum Bösen verführt. Nein, dadurch ist nicht jeder Mensch gleich eine Bedrohung für die Welt. Aber das Potenzial, Mist zu bauen, hat jeder von uns. Selbst der Mönch und Reformator Martin Luther sagte über sich, dass er zu jeder Sünde fähig ist. Als junger Vater kann ich diesen Satz nur unterstreichen. Wie reagiere ich, wenn jemand meinen kleinen Jungs wehtut? Wie sehr hab ich mich unter Kontrolle, wenn ein kleinkindlicher Trotzanfall dem nächsten folgt? Die meisten von uns haben es gelernt, sich zu beherrschen und ihre Wut zu unterdrücken. Dennoch sind wir nicht immer davor bewahrt, jemand anderem Schmerz zuzufügen.

Und genau hier kommt nun der Vers von Paulus ins Spiel. „Der Friede Gottes behütet euer Herz", schreibt er. Das Entscheidende bei allem, was wir denken, sagen und tun, sind unsere Gedanken und unsere Herzenseinstellung. Ist unser

Herz voller Wut und die Gedanken voller Rache, so ist die Wahrscheinlichkeit sehr hoch, dass als Folge davon irgendjemand Leid erfahren wird. Es ist der Friede Gottes, der unsere Gedanken bestimmen und unser Herz erfüllen soll. Nur mit diesem Frieden können wir unsere bösen und egoistischen Gedanken überwinden. Und nur in der Gemeinschaft mit Jesus ist es möglich, auch dann zu vergeben, wenn es nach menschlichem Maßstab nicht mehr möglich ist. Jesus hat uns allen vergeben, ohne etwas zu verlangen. Er brauchte keine Rache oder Vergeltung. Er hat den Tod ertragen aus purer Liebe zu uns. Wie viel mehr sollten wir uns dann für die Liebe und Vergebung und für Gerechtigkeit stark machen?

Übrigens: Friedensstifter zu sein lohnt sich wirklich. Seit vielen Jahren verändert sich die Welt bereits zum Guten. Es gibt Studien dazu, dass die Entwicklung auf der Welt tatsächlich positiver ist, als es uns die Medien vermitteln, und dass die Armut weltweit noch nie so niedrig war wie heute. Und zu keiner Zeit in der Weltgeschichte gab so wenige Kriege und Kämpfe wie in diesem Moment. Das sind wirklich positive Nachrichten, auch wenn die Vorstellung einer Welt ohne Leid und Krieg ein Wunschtraum ist, der erst in der Ewigkeit bei Gott Realität werden wird.

Wo willst du dich einsetzen? Jesus ermutigt dich, den Weg des Friedens und der Liebe zu gehen, denn es ist dieser Weg, der unserem Leben Sinn und Erfüllung gibt.

#dosomething

Deine Checkliste für deinen Peacemaker-Einsatz:

- Schlichte heute einen Streit oder versöhne dich selbst mit jemandem.
- Suche dir eine Meldung über einen Krieg in den Nachrichten und bete fünf Minuten für diese Menschen und um Frieden.
- Spende ein paar Euro an eine Hilfsorganisation, die in Krisengebieten hilft.
- Informiere dich über eine Friedensinitiative (z. B. in Ruanda http://www.story.ekir.de/ruanda#2065).
- Poste einen Aufruf oder Vers zum Frieden bei Insta oder in deinem Messenger.

Marco Gogg *ist Jugendreferent beim ECJA und versucht seinen Söhnen jeden Abend den Segen Gottes zuzusprechen.*

#gottsehen

Gott erkennen in allem, was geschieht

> **Paulus**
> Ich kenne den Mangel, ich kenne auch den Überfluss. Alles und Jedes ist mir vertraut: Das Sattsein wie der Hunger, der Überfluss wie die Not. Ich bin allem gewachsen durch den, der mich stark macht.
> \>\> Philipper 4,12+13

Aufgewacht (Ich seh' dich)
Und ich seh dich
Seh dich verschwommen
Seh dich so oft viel zu selten
Blockier meine Antennen für deine Frequenzen
Ich kann dich erkennen
In einem Lächeln
Im schwindelig wirbelnden Meer der Menschenmenge
Kann dich erkennen

In gereichten Händen
Im bewussten Verschwenden
Von Liebe an Menschen
Im Verschenken von Dingen
Die ich hab und anderen fehlen
Kann dich erkennen
In geöffneten Grenzen
In aufgenommenen Fremden
Ich sehe dein Bild reflektiert
Im Streben nach Frieden
In jeder kleinen Gnade
In jedem Akt selbstloser Liebe
Die das Glück des anderen sucht
Und nicht das ihre
Seh dich in der Schönheit der Schöpfung
In Vielfalt
In Klang
In Melodie und Poesie
Seh dich in gekrümmter Entstelltheit
Weil du die Randständigen liebst
Und nein
Es ist bei Weitem nicht leicht
Aber scheinst du nicht im Leid
Irgendwie besonders da zu sein?
Auch wenn es sich bisweilen
In solchen Zeiten
Eher so anfühlt, ob du es nicht bist
Du
Der Sterneschöpfer, der Licht ist
Der kam

Und auf diesem einen blauen Punkt
Irgendwo ganz am Rand deines flimmernden Kunstwerks
Unter uns zu wohnen
Damit du da bist
Ich seh dich in zwei sich kreuzenden Linien
Im todtraurigen Leiden ist nun Hoffnung zu finden
Im Paradox
Im Leben und Sterben
Im Gehen und Bleiben
Im Sein und im Werden
Im Profanen und Sakralen
Weil die Strahlen
Deines Lichts überall Geschichte malen

Wenn Frieden versucht wird,
Angst lebendiger Hoffnung weicht,
Die sich nicht fürchtet vor dem Sterben
Wenn sich Schönheit aus Asche erhebt
Und Heilung aus Zerbruch und zertrümmerten Scherben
Wenn Empfänger zu Weitergebern werden
Hörer sich zu Akteuren transformieren
Wenn Beschenkte nicht anders können
Als selbst Geschenke zu machen
Wenn geliebte Geschöpfe großzügige Geber guter Gaben werden
Wenn Erbarmen kalte Gleichgültigkeit aussortiert
Wenn erlebte Gnade zu Barmherzigkeit wird?
Wenn Gerechtigkeit und Frieden sich zaghaft beginnen zu küssen?

Wenn wir
Liebe leben
Hoffnung hochhalten
Gerechtigkeit generieren
Barmherzigkeit begeistert bejahen
Frieden für Verletzte favorisieren
Versöhnung versuchen
Helfende Hände heben zu denen
Die stolpern und fallen
Und am Rande des Weges gehen und stehen

Dann sehe ich dich
Vielleicht verschwommen wie in leicht beschlagenen
Spiegeln
Kleine Funken vager Reflektionen
Dieser Person
Du
Für den und durch den und in dem alle Dinge sind
Du
Die Person, die Liebe ist
Die Liebe, die Person wurde
Du ziehst gerade Linien mit meinen krummgesägten
Leisten
Für bedingungslose Liebe bleibt nichts mehr zu leisten
Das Ziel und der Grund
Der Empfänger all meiner Zeilen
Und allem dazwischen
Zuhörer meiner trotzig empor geschleuderten
Gebetsfetzen
Wenn mich Zweifel zerreiben

Du
Die Person, die Liebe ist
Die Liebe, die Person wurde.

Marco Michalzik & Manuel Steinhoff – Aufgewacht (feat. by Sarah Brendel), aus dem Album „Ikarus", abrufbar bei YouTube

#dosomething

Paulus spricht davon, dass er in seinem Leben sowohl die Fülle als auch den Mangel erlebt – Hunger genauso wie Sattsein. Und er macht deutlich, dass er in allem auf Jesus schaut, der ihn stark macht. Nimm den nächstbesten Stift und schreib doch mal deinen eigenen Poetry-Slam-Text! Hier ein paar Fragen zur Anregung:

- Was kommt dir in den Sinn zum Thema „Fülle und Mangel in meinem Leben"?
- Was ist für dich Fülle? Gibt es vielleicht sogar ein „zu viel" oder „zu voll" in deinem Leben? Wo empfindest du Mangel? (Wann) hast du das Gefühl, dass dir etwas Wichtiges fehlt? Was hast du satt? Wovon brauchst du mehr? Wonach hungert deine Seele?
- Wann und in welchen Situationen, in welchen Zusammenhängen kannst du sagen: „Ich sehe dich, Jesus, dass du da bist, mit deiner Gegenwart"?

Denk nicht lange nach, lass dich einfach vom Stift leiten und von dem, was in dir ist.

Marco Michalzik ist Spoken Word-Künstler und sucht nach passenden Ausdrucksformen, obwohl ihn kleine und große Ungerechtigkeiten oft sprachlos machen.

#giftmüllentsorgung

Von Fliegenpilzen, Mobbing und anderen Giftstoffen

> **Paulus**
> Im Übrigen, Brüder und Schwestern: Achtet auf das, was wahr ist, würdig und gerecht, was rein ist, liebenswert und Lob verdient. Achtet darauf, dass ihr euch richtig verhaltet und Anerkennung bekommt.
> >> Philipper 4,8

Wenn Menschen, Tiere oder Pflanzen mit Gift in Kontakt kommen, werden sie entweder schwer beschädigt oder sogar zerstört beziehungsweise getötet. Deshalb tun wir alles dafür, nicht mit Giftstoffen in Berührung zu kommen. Bei manchen Sachen fällt uns das leicht – so wissen wir zum Beispiel hoffentlich alle, dass man keine Fliegenpilze essen sollte. Bei anderen Giftstoffen ist das mit dem Vermeiden aber sehr schwer – so gibt es zum Beispiel gasförmige Giftstoffe, die wir weder riechen noch sehen können, aber die beim geringsten Kontakt tödlich für uns Menschen sind. Deshalb gibt es Warnhinweise und Warnschilder, die uns darauf aufmerksam machen wollen, dass sich in unserer Umgebung besonders gefährliche bzw. giftige Stoffe befinden. Hinweise wie „Vorsicht, giftige Stoffe!" oder „Gesundheitsgefährdend!" sind keine Verbotsschilder, die uns den Spaß verderben wollen, sondern echte Lebensretter.

Genau so einen Hinweis schreibt Paulus am Ende des Philipperbriefes. Er erinnert uns in dem Vers 8 daran, dass es Verhaltensweisen gibt, die sich wie Gift auf unser Leben auswirken. Unehrlichkeit, Egoismus, Hartherzigkeit, Diebstahl sind zum Beispiel einige solcher Giftstoffe. Sie zerstören unser Leben – und sorgen gleichzeitig auch dafür, dass das Leben anderer Menschen vergiftet wird. Der Warnhinweis ist daher recht simpel: *Verhalte dich so, dass du dich selbst und niemand anderen vergiftest.*

Natürlich ist das einfacher gesagt als getan. Wir Menschen bekommen es einfach nicht hin, dauerhaft einen Bogen um komplett alle Giftstoffe zu machen, die unser Leben beschädigen und zerstören können: Lügen, Selbstsucht, Streit, Hass, Pornosucht, Alkoholsucht, Lästern, Mobbing, andere verurteilen, Neid... All diese Gifte nennt die Bibel „Sünde". Wenn wir merken, dass wir mit einem dieser Giftstoffe in Kontakt gekommen sind, fühlen wir uns oft schlecht, schämen uns oder hassen uns sogar selbst. Da hilft nur eine radikale Entgiftungskur: nämlich, uns einzugestehen, wo wir uns oder andere vergiftet haben, und Gott um Vergebung bitten: „Wenn wir aber unsere Schuld eingestehen, ist Gott treu und gerecht: Er vergibt uns die Schuld und reinigt uns von allem Unrecht, das wir begangen haben"

(1. Johannes 1,9). Gott ist jederzeit bereit und auch fähig, das Gift unschädlich zu machen – uns davon zu befreien und das, was zerstört wurde, wieder heil zu machen. Er wartet nur darauf, dass wir zu ihm kommen.

#dosomething

- Die Nieren sind unsere von Gott geschenkte Entgiftungsanlage des Körpers. Diese genialen Abfallbehälter filtern alles, was dem Körper nicht guttut, raus – das wird dann über den Harn ausgeschieden. Dafür hilft viel trinken – viel Flüssigkeit! Schnapp dir ein Glas deinen Lieblingsgetränks und bete folgenden Psalm-Vers: „Du kannst mich auf die Probe stellen, Herr. Ergründe, wie ich wirklich bin, prüfe mich auf Herz und Nieren!" (Psalm 62,2; NGÜ)
- Gibt es Giftmüll, der dein Leben zerstört und dein Herz schwer macht? Bring ihn zu Jesus: Bete, bekenne und lass dir von ihm vergeben!
- Wo brauchst du eine andere Sicht auf die Warnhinweise in der Bibel? Du musst mit dem, was dich bewegt, nicht allein bleiben. Rede mit einer Person, der du vertraust, und lass dir neuen Mut zusprechen.

Johannes Krupinski ist Teenager-Referent im Bund FeG in Deutschland und liebt das Lied „Amazing Grace".

#vertragen

Streit schlichten – so geht's

> **Paulus**
> Ich ermahne Evodia und ich ermahne Synthyche: Seid euch einig, wie es eurer Zugehörigkeit zum Herrn entspricht.
> \>> Philipper 4,2 ✓✓

Da hat es wohl mal so richtig geknallt. Man muss schon etwas leisten, um von Paulus in einem Brief namentlich genannt zu werden. Im ganzen Philipperbrief werden vier Namen erwähnt. Zwei davon sind Evodia und Synthyche. Was wird da wohl los gewesen sein? Paulus ermahnt die beiden, dass sie sich einig sein sollen. Offensichtlich haben sich die beiden Frauen so richtig in die Haare bekommen. Worüber sie gestritten haben und was der Anlass gewesen ist, das können wir heute nicht mal mehr erahnen. Aber es muss heftig zugegangen sein, weil Paulus, auch wenn er gerade in einer anderen Stadt war, darüber informiert wurde. Ich stelle mir vor, wie ein Bote zu Paulus kommt und ihm

erzählt: „Du, Paulus, zwischen Evi und Synthy hat es richtig gekracht. Das kannst du dir nicht vorstellen ..." Wenn man ein bisschen im Philipperbrief weiterliest, dann erfährt man, dass diese beiden nicht irgendwelche Frauen waren. Sondern Christinnen, mit denen Paulus eng zusammengearbeitet hat. Sie haben ihn unterstützt, ihm zur Seite gestanden. Und jetzt ist da auf einmal Streit zwischen ihnen.

Vielleicht hat sich Paulus beim Schreiben des Philipperbriefs daran erinnert, wie er sich mit seinem Freund Barnabas so zerstritten hat, dass sie schließlich getrennte Wege gegangen sind (kann man in Apostelgeschichte 15,36–41 nachlesen).

Wie bitter ist das, wenn eine gute Freundschaft auf einmal zerbricht! Wie weh tut das, wenn man einen guten Freund wegen irgendeinem blöden Streit verliert! Manchmal braucht es gar nicht viel, damit einer explodiert und eine Freundschaft in die Brüche geht.

Was macht man da? Kann man die Sache wieder hinbekommen? Paulus tut drei Dinge:

Als Erstes motiviert Paulus die beiden Frauen. In dem Vers oben steht „ermahnen". Das bedeutet im Griechischen dasselbe wie „ermutigen" oder „erinnern". Paulus hat die beiden Frauen mit ihrem Streit beim Schreiben vor Augen, und er erinnert sie an das, was sie gemeinsam erlebt haben. „Wir haben doch zusammen so vieles erlebt und durchgestanden! Werft das doch nicht einfach weg!" Paulus erinnert an das, was gewesen ist, und damit will er die Frauen auch dazu aufrufen, wieder einen Schritt aufeinander zuzugehen.

Vielleicht ist das tatsächlich bei manchem Konflikt das, was wir als Erstes tun müssen: uns an das Gute erinnern, was wir miteinander erlebt haben, und uns dann einen Ruck geben, wieder aufeinander zuzugehen.

Das Zweite, das Paulus tut, ist, die beiden daran zu erinnern, was sie miteinander verbindet. Es sind ja nicht nur irgendwelche netten Erlebnisse, die die beiden miteinander hatten. Das Wichtigste, was die beiden miteinander verbindet, ist, dass sie beide mit Jesus verbunden sind. Sie beide gehören zu Jesus, sie haben sich entschieden, in allem auf Jesus zu vertrauen. Deswegen schreibt Paulus: „Ihr seid doch beide mit Jesus unterwegs, dann könnt ihr doch eigentlich gar nicht getrennte Wege gehen."

Ich finde, das ist ein echt krasser und auch herausfordernder Gedanke: Wenn ich mit Jesus verbunden bin, und der Mensch, mit dem ich gerade Streit habe, auch mit Jesus verbunden ist – wie können wir da noch weiter miteinander streiten? Wenn Jesus der Mittelpunkt, das Wichtigste in meinem Leben und in dem Leben des anderen ist, dann müssen wir irgendwie eine Lösung finden, wie wir wieder gut miteinander umgehen können, oder? (Dazu hat Jesus in >> Matthäus 18 übrigens auch eine ganze Menge gesagt!)

Das Dritte, was Paulus dann in Vers 3 schreibt (ACHTUNG, SPOILER!): Er bittet einen gemeinsamen Freund, Syntyche und Evodia dabei zu helfen, mit ihrem Streit wieder klarzukommen.

Manchmal ist es gut, wenn wir eine neutrale Person an unserer Seite haben, jemanden, der von außen auf unsere Konfliktsituation draufschaut, und der uns dabei hilft, das Problem, das Missverständnis zu klären. Das kann ein gemeinsamer Freund sein, ein Mentor, die Eltern oder eine andere erfahrene Vertrauensperson.

Hab den Mut, bei einem Streit Schritte in Richtung Versöhnung zu gehen. Zieh dich nicht verletzt zurück. Erinnere dich daran, was ihr gemeinsam schon Gutes erlebt habt – und daran, was euch miteinander verbindet. Bete für den Konflikt und bitte auch andere, für euch zu beten. Gott möchte uns helfen, wieder im Frieden miteinander zu leben!

#dosomething

Gibt es jemanden, mit dem du richtig Streit hast? Jetzt ist ein guter Moment, einen ersten Schritt auf die andere Person zuzugehen. Biete ihr an zu reden, weil dir eine gute Beziehung wichtig ist. Entschuldige dich bei ihr, wenn es dran ist; vergib ihr, wenn sie dich verletzt hat. Ruf sie an, schreibe ihr per Messenger oder per Brief. Am besten ist natürlich, ihr trefft euch persönlich. Du bist dran!

Ben Geiss *ist Praxisdozent bei der Liebenzeller Mission und 2. Vorsitzender des CHRISTIVAL e. V. Er mag keinen Streit, obwohl er manchmal einen ziemlichen Dickkopf hat.*

#ehrenmensch
Wie man zum Ehrenmenschen wird

> **Paulus**
> So nehmt ihn nun auf in dem Herrn mit aller Freude und haltet solche Menschen in Ehren.
> \>> Philipper 2,29; LUT 17 ✓✓

Was ist ein Ehrenmann beziehungsweise eine Ehrenfrau? Ich stöbere mal ein bisschen im Netz und finde: *Jemand, der dir nachts eine Pizza bringt. Der dir beim Umzug hilft. Jemand, auf den man sich total verlassen kann. Der die Extrameile geht. Der etwas Besonders für einen anderen tut.*

Wenn ich so über „Ehrenmensch" nachdenke, fallen mir da als Erstes Missionare ein. Leute, die in ein fernes Land ziehen, ihr bequemes Leben hinter sich lassen und unter nicht immer einfachen und manchmal echt gefährlichen Bedingungen die Gute Nachricht verbreiten. Leute, die in den ärmsten Ländern der Welt Brunnen bohren, der Landwirtschaft auf die Beine helfen oder Krankenhäuser er-

richten. Die machen eine so tolle Arbeit, helfen so vielen Menschen und geben so vielen Menschen die Liebe Gottes weiter... Und ich?

Na ja, im Moment bin ich in Erfurt und mache meinen Bundesfreiwilligendienst beim CHRISTIVAL, und in einem halben Jahr will ich dann anfangen zu studieren. Was genau, weiß ich selbst noch nicht. Mein BFD klingt zwar ganz nett – aber bin ich deshalb schon eine #ehrenfrau? Eigentlich wollte ich ja einen Einsatz im Ausland machen. Ich hatte auch schon angefangen, in Amsterdam. Allerdings war der Einsatz dann nach sechs Wochen vorbei, weil das Hostel, in dem ich gearbeitet habe, wegen Corona schließen musste. Auch „Amsterdam" klingt ja irgendwie ganz nett, aber andere aus meinem Jahrgang sind nach Afrika gegangen. Die erste Frage auf dem Vorbereitungsseminar war meistens: „Und, wo gehst du hin?" Manchmal hab ich mich dann schon ein bisschen blöd gefühlt, weil ich „nur" nach Amsterdam gehe. Dabei gab es überhaupt keine negativen Reaktionen. Andere sind nach Südtirol, Frankreich oder Österreich gegangen. Auch nicht sehr weit weg, aber wir alle hatten ja das gleiche Ziel: Menschen in unserem Einsatz von Jesus zu erzählen und ihnen etwas von der Liebe Gottes weiterzugeben.

Nach und nach ist mir dann klar geworden, dass es nicht so wichtig ist, wo ich gerade bin oder was ich genau mache. Ich muss nicht Missionarin in Subsahara-Afrika werden, damit ich Gott dienen kann. Ich muss keine Gemeinde gründen oder Theologie studieren. Alles, was ich tue – egal, wo ich bin –, kann ich für Gott einsetzen. Man begegnet doch überall Menschen, die noch nichts von Gott gehört oder seine Liebe noch nie erfahren haben – in der Schule, an der Uni, am Arbeitsplatz, mitten in der Stadt und auch im Internet. Für manche ist es der richtige Weg, als Missionar nach Afrika zu gehen, und für andere, mitten in Deutschland zu sein und Maschinenbau zu studieren. Überall kannst du ein Ehrenmann, eine Ehrenfrau sein – jemand, der jesusmäßig lebt und sich für Gott und den anderen von ganzem Herzen einsetzt.

Das hat auch der Mann getan, den die Philipper laut unseres Eingangsverses oben aufnehmen und „in Ehren halten" sollen. Wenn man sich mal den ganzen Abschnitt im Philipperbrief (ab Vers 19 durchliest), erfährt man, wer hier gemeint ist: Epaphroditus, ein „Mitarbeiter und Mitstreiter" von Paulus. Epaphroditus war sehr krank gewesen. So krank, dass man sich nicht sicher war, ob er diese Krankheit überleben wird. Er muss den Leuten in Philippi sehr am Herzen gelegen haben; sie hatten ihn mit Geschenken und Geld für Paulus losgeschickt, und machten sich große Sorgen, als sie erfuhren, dass Epaphroditus so krank war. Paulus ging es nicht anders – und er wusste um die Bedrücktheit der Philipper. Deshalb schickte er seinen Mitstreiter bald, nachdem er durch ein Wunder wieder gesund geworden ist, zurück nach Philippi. Paulus wollte, dass sich die Christen dort mit „Phrodi" freuen und wieder fröhlich werden.

Aber warum sollten sie Epaphroditus jetzt *ehren*? Die Antwort finden wir in Vers 30: „Denn um des Werkes Christi willen ist er dem Tode so nahe gekommen, da er sein Leben nicht geschont hat, um mir zu dienen an eurer statt." Mit anderen Worten: „Phrodi" hat sein Leben riskiert, um Paulus zu helfen!

Natürlich musst du jetzt nicht gleich dein Leben oder deine Gesundheit riskieren, um ein Ehrenmann bzw. eine Ehrenfrau zu werden. Aber vielleicht helfen dir ja die Formulierungen „die Extrameile gehen" oder „einen Mutsprung wagen". Tu Dinge, die dich aus deiner Komfortzone herausholen. Setz alles, was du tust, für Gott ein, und gib den Menschen um dich herum Gottes Liebe weiter.

#dosomething

Überleg mal: Wer ist für dich ein #ehrenmensch? Was macht diese Person dazu, und was kannst du dir vielleicht von ihr abschauen, um selbst ein Ehrenmensch zu werden?

Schreib dir konkrete Verhaltensweisen und Eigenschaften, die einen Ehrenmenschen ausmachen, in die Tabelle und schau, wie du das in deinem Alltag umsetzen könntest. Als Hilfe habe ich schon mal drei Beispiele reingeschrieben.

Eigenschaft	Umsetzung
hilfsbereit	Ich helfe meinem Klassenkameraden bei den Hausaufgaben, weil es ihm ein bisschen schwerfällt.

Eigenschaft	Umsetzung
einladend	Ich lade das Mädchen aus meiner Jugendgruppe ein, das immer alleine dasitzt.
ehrlich	Ich sage es meinem Freund, wenn ich sein Verhalten nicht gut finde.

Tipp: Schau mal auf S. 140/141 vorbei. Dort findest du eine lange Liste mit den verschiedensten Eigenschaften. Vielleicht ist ja da was zur Inspiration für dich dabei!

Johanna Kantz hat gerade ein BFD beim CHRISTIVAL gemacht, liebt es, zu Worship-Musik zu tanzen und hofft, bald ein passendes Studium (NICHT Maschinenbau ☺) zu finden.

#richtiggutleben

Wenn aus Überfluss eine Selbstverständlichkeit wird

> **Paulus**
> Ich habe aber alles erhalten und habe Überfluss. Ich habe in Fülle, nachdem ich durch Epaphroditus empfangen habe, was von euch gekommen ist: ein lieblicher Geruch, ein angenehmes Opfer, Gott gefällig.
> >> Philipper 4,18; LUT 17

Hast du schon mal so richtig Mangelerscheinungen gehabt? Ich war mal an einem heißen Sommertag mit meinem Fahrrad (ohne E-Motor) samt Kind im Fahrradanhänger am Rhein bei Karlsruhe unterwegs. Am Anfang war alles easy. Bis zur Rheinfähre war es ein Kinderspiel. Angespornt von dem easy Trip am Vormittag beschloss ich, mit der Fähre auf die andere Rheinseite überzusetzen, den Rhein entlang bis nach Wörth zu radeln, dort die Brücke zu überqueren und wieder zurück in Richtung Karlsruhe zu fahren. Großer

Fehler! Der Weg war frisch geschottert – wirklich super für Rad mit Hänger. Dann gab es Schleifen und Kurven, die den Weg deutlich länger gemacht haben, als ich zuvor vermutet hatte ... Und die mitgenommenen Getränke gingen zur Neige! Für den Kleinen hab ich mich mit Trinken zurückgehalten.

Als ich nach knapp 50 Kilometern in Wörth angekommen bin, war ich fix und fertig. Ich hab mich noch nie so sehr über einen Supermarkt gefreut wie an diesem Tag. Endlich was trinken und essen! Eine geschlagene Stunde haben wir Picknick am Rheinufer gemacht, bevor ich die letzten 20 Kilometer in Angriff nahm – und dabei war ich bereits völlig k. o.

Vielleicht hast du so eine ähnliche Situation auch schon mal erlebt. Mir ist diese Geschichte eingefallen, als ich den Vers in Philipper 4,8 gelesen habe. Ich glaube, dass man erst so richtig weiß, was Überfluss ist, wenn man schon mal Mangel erlebt hat. Ganz ehrlich, ich lebe im Überfluss. Ich mache mir das nur selten klar, weil ich es gewohnt bin, immer alles sofort zu haben. Wasser, Essen, W-LAN ... ganz normal für mich. Aber wenn das Selbstverständliche auf einmal nicht mehr da ist, dann merke ich erst, was mir fehlt.

Das, was ich habe, als normal anzusehen, macht was mit meiner Wertschätzung den Dingen und auch Menschen gegenüber. Wenn alles für mich selbstverständlich ist, dann fehlt mir die nötige Dankbarkeit. Das ist nicht nur bei Sachen wie Essen und W-LAN so – ich ertappe mich auch immer wieder dabei, dass es mir mit Menschen nicht viel anders geht. Ich gehe selbstverständlich davon aus, dass der- oder diejenige doch dies oder das machen muss. „Das ist ja sein Job!" oder: „Der wird schließlich dafür bezahlt!", denk ich dann. Ich schätze das, was andere für mich tun, nicht mehr viel.

Und wie ist das mit meiner Wertschätzung Gott gegenüber? Ist er nicht derjenige, der mir alles Lebensnotwendige und noch viel mehr schenkt? Der Satz von Paulus, dieses „Ich habe alles erhalten und habe Überfluss" hat mich wachgerüttelt. Ich möchte zukünftig mehr wahrnehmen, was ich alles geschenkt bzw. zur Verfügung gestellt bekomme, und dankbar dafür werden. Und ich möchte schauen, wie ich verantwortungsvoll mit diesem Überfluss umgehen kann: Brauche ich wirklich das neueste Modell von allem? Kann ich eine Sache vielleicht reparieren statt sie gleich wegzuschmeißen? Muss mein Apfel aus dem Supermarkt eine Weltreise hinter sich haben oder tut es auch ein Apfel aus der Region? (Der vielleicht sogar leckerer ist ...) Kann ich auf Fast Fashion und andere Billigartikel weitgehend verzichten? (Die Fabrikarbeiter in Asien und Lateinamerika schuften für unserem Billigkram oft bis zu 16 Stunden am Tag und zu Hungerlöhnen ...) Wem kann ich von meinem Überfluss abgeben?

Ich möchte für Dankbarkeit und Großzügigkeit stehen, und nicht für Egoismus, Geiz und das selbstverständliche Annehmen von Gottes Geschenken. Ich möchte ihm, meinem Schöpfer und Versorger, der alles erschaffen und mir zur Verfügung gestellt hat, dankbar sein. Jeden Tag.

#dosomething

Schau dich mal in deinem Zimmer um oder geh eine Runde raus. Bei all dem, was du entdeckst – was sonst für dich normal und alltäglich ist –, sag Gott bewusst Danke. Für die Mülltonnen und die Müllabfuhr, die bunte Wiese vor dem Fenster, das Eichhörnchen am Baum, für die freundliche Nachbarin, die Bushaltestelle, den Bäcker ... Im Anschluss kannst du eine nette Karte schreiben und dich zum Beispiel bei einer Person bedanken, die etwas tut, das für dich selbstverständlich ist. Zum Beispiel bei den Leuten von der Müllabfuhr. Vielleicht entdeckst du in deinem Zimmer auch Dinge, die du teilen oder abgeben kannst – als Zeichen dafür, dass du von deinem Überfluss etwas zu anderen „überfließen" lassen willst.

Andy Müller ist Referent für Jugendevangelisation beim Deutschen EC-Verband und wohnt mit seiner Familie in der Nähe von Kassel. Andy hat Technik im Überfluss und würde sich freuen, wenn der BVB auch mal wieder eine Meisterschaft gewinnen würde. Die Bayern haben davon ja schon mehr als genug. ☺

#gemeinsam

Miteinander statt gegeneinander

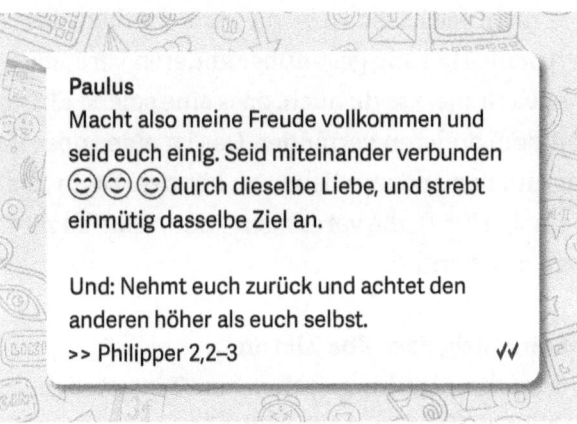

Paulus
Macht also meine Freude vollkommen und seid euch einig. Seid miteinander verbunden 😊😊😊 durch dieselbe Liebe, und strebt einmütig dasselbe Ziel an.

Und: Nehmt euch zurück und achtet den anderen höher als euch selbst.
>> Philipper 2,2–3 ✔✔

„Ich glaube schon an Gott, aber ich brauche keine Gemeinde. Ich kann auch für mich glauben." Hast du das auch schon mal gehört? Oder selbst gedacht? Doch Christsein kann man nicht allein. Denn da geht einem schnell die Puste aus. „Allein geht man ein", heißt es ja auch. Deshalb hat Gott es sich so gedacht, dass wir als Christen gemeinsam unterwegs sein sollen. Aber wie geht das konkret? Was macht Gemeinschaft aus? Und wie können in einer Gemeinschaft die Beziehungen untereinander gelingen? Paulus hat darüber viel nachgedacht, als er seinen Brief an die Philipper schrieb, und er nennt drei Punkte:

Aufeinander achten
„Aufeinander achten", das ist quasi die „Vorstufe" der Liebe – die Voraussetzung, um andere lieben zu können. Und schon das ist erfahrungsgemäß eine Mega-Aufgabe. Es hilft, sagt er, wenn wir uns zurücknehmen – und unsere Mit-Christen wichtiger nehmen als uns selbst. Probier's mal. Auch wenn es nicht leicht ist. Aber du wirst merken, dass es allmählich deine Haltung gegenüber anderen verändern wird. Und vielleicht merkst du auch, dass eine solche Einstellung dich mit dem anderen verbindet. Das ist eine super Voraussetzung, um den anderen lieben zu können. Denn „die Liebe ist die einzige Kraft, die vereinigen kann, ohne zu zerstören" (Teilhard de Chardin).

„Strebt einmütig dasselbe Ziel an."
Die Worte, die hier im griechischen Text stehen, heißen wörtlich übersetzt: „Denkt das Eine."

Aha. Denken ist also wichtig. Wer nicht denkt, wird nie etwas ändern. Wer seinen Verstand nicht einschaltet, handelt unüberlegt und baut schnell Mist. Wer gedankenlos lebt, ist irgendwo auch interessenlos. Und wer sein Hirn nur selten gebraucht, wird schnell oberflächlich. Kurz gesagt: Wer denkt, kommt vorwärts und wächst!

Und wenn alle Christen gemeinsam damit anfangen, wird auch die Gemeinschaft miteinander stärker. Wenn jeder mitdenkt, kommt am Ende das Beste für die Gemeinschaft als Ganzes raus.

Fest zusammenhalten
Das ist wahrscheinlich die allerschwierigste dieser drei Challenges. Denn jeder kommt ja aus seiner eigenen Welt, wenn er mit den anderen zusammenkommt. Und jeder bringt seine ganz eigenen Vorstellungen, Wahrnehmungen, Erfahrungen, Interessen, Ängste und Gefühle mit. Da treffen dann ganz verschiedene Sachen ungebremst aufeinander. Lisa will im Gottesdienst unbedingt die neuesten Lobpreislieder singen – Hannelore dagegen wünscht sich die klassischen Lieder, weil sie die moderne Worship-Musik nicht so mag. Leon will mit dem Teenkreis am liebsten kegeln gehen, aber Oli, Jan und Sophie finden das langweilig. Für den nächsten Jugendgottesdienst wollen Lukas und Tim, dass jeder dort kurz etwas erzählt, was er in der Woche mit Gott erlebt hat – aber Anna und einigen anderen ist das zu persönlich...

Aufgrund unserer Unterschiedlichkeit besteht schnell die Gefahr, dass wir als Gemeinschaft nicht zusammenfinden, sondern uns – im Gegenteil – sogar streiten und auseinanderleben. Ja, es ist nicht immer einfach, alle Interessen unter einen Hut zu bringen und einen Kompromiss in einer bestimmten Sache zu finden. Aber am Ende sind Menschen wichtiger als Sachen. Zusammenhalten heißt, dass wir aufeinander achten, Interesse füreinander zeigen und nachfragen, wie's dem anderen geht.

Zusammenhalten heißt auch, dass wir uns gegenseitig informieren, denn „Information ist schon die halbe Gemeinschaft" – wie einer meiner Lebensbegleiter immer sagte. Wenn das stimmt, müssen wir lernen, der Schweigsamkeit den Laufpass zu geben und unseren Gedanken eine Sprache zu geben. Damit ein Freund oder ein Mit-Christ sein Herz öffnet, müssen wir selbst den Mund aufmachen und uns öffnen.

So entsteht also echte Gemeinschaft: dadurch, dass wir aufeinander achten, den anderen und seine Bedürfnisse wertschätzen. Uns selbst zurücknehmen. Überlegen, was der Gemeinschaft als Ganzes hilft – und den Zusammenhalt untereinander stärkt. Uns öffnen den anderen gegenüber. Und immer wieder Gott bitten, uns zu helfen, gut miteinander umzugehen. So schaffen wir eine gute Grundlage dafür, uns gegenseitig mit Liebe zu begegnen.

#dosomething

Lies mal Römer 12,9–10 und Römer 12,13–18. Was wird hier darüber ausgesagt, wie Christen sich „vereinen" können?

Eure Liebe soll aufrichtig sein.
Verabscheut das Böse und haltet am Guten fest.
Liebt einander von Herzen als Brüder und Schwestern.
Übertrefft euch gegenseitig an Wertschätzung.
Helft den Heiligen, wenn sie in Not sind.
Macht euch die Gastfreundschaft zur Aufgabe.
Segnet auch die Menschen, die euch verfolgen –
segnet sie und verflucht sie nicht.
Freut euch mit den Fröhlichen.
Weint mit den Weinenden.
Seid alle miteinander auf Einigkeit aus.

- *Werdet nicht überheblich, sondern lasst euch auf die Unbedeutenden ein.*
- *Baut nicht auf eure eigene Klugheit.*
- *Vergeltet Böses nicht mit Bösem.*
- *Habt den anderen Menschen gegenüber stets nur Gutes im Sinn.*
- *Lebt mit allen Menschen in Frieden – soweit das möglich ist und es an euch liegt.*

Such dir eine Zeile aus, die dich gerade besonders anspricht. Schreibe sie dir auf eine Karte. Und dann halte in dieser Woche Ausschau danach, wann und wie du jemandem aus deiner Gruppe/Gemeinde helfen, ihn bzw. ihr mit Wertschätzung oder Nachsicht begegnen, die Person trösten oder zu dir einladen ... kannst.

Armin Jans leitet die Studien- und Lebensgemeinschaft der Liebenzeller Mission – und liebt es, täglich mit vielen Menschen zusammen zu sein. Trotzdem genießt er es, wenn er auch mal allein sein kann.

Wie du gnädig statt gnadenlos lebst

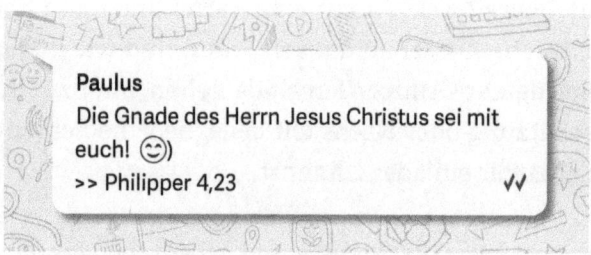

Paulus
Die Gnade des Herrn Jesus Christus sei mit euch! 😊)
\>> Philipper 4,23

Was gnadenlos ist, das wissen wir alle.

- „Zahnschmerzen sind gnadenlos und verfolgen mich, egal, wo ich auch hingehe. Egal, wie sehr ich mir wünsche, dass es aufhört und ich nicht zum Zahnarzt muss."
- „Die Clique auf dem Schulhof ist gnadenlos. Weil es ihr egal ist, dass ich dazu gehören möchte. Weil sie mich einfach nicht dabei sein lässt, egal, was ich tue."
- „Die Wirtschaft ist gnadenlos, die mal gut funktioniert – und dann wieder nicht. Die damit Arbeitslose produziert. Meine Mama ist verzweifelt, weil ihre Arbeit weg ist und jetzt das Geld fehlt."

- „Die Menschen, die gern billige Sachen kaufen, sind gnadenlos. Aber es ist ihnen egal, dass dafür Kinder als Sklaven arbeiten müssen, dass so Menschen ausgebeutet und kaputt gemacht werden (und die Umwelt gleich mit)."
- usw.

Was gnadenlos ist, wissen wir also ziemlich gut. Aber wissen wir auch, was Gnade ist?

- „Gott ist gnädig, weil er immer auf meiner Seite ist. Mich nicht alleine lässt. Verzeiht. Auch wenn's mal gar nicht gut läuft und andere mich verlassen."
- „Gott ist gnädig, weil er sieht, wo ich leide, traurig oder verletzt bin, und weil er mit mir leidet. Weil er meine Schmerzen mit mir teilt. Mir die Hand hält, so lange ich möchte."
- Gott ist gnädig, weil er mich liebt. Egal, wie ich mich verhalte. Egal, für wie liebenswert ich mich selbst halte. Gott ist gnädig zu mir, obwohl ich selbst oft gnadenlos mit mir umgehe."

Gott ist gnadenlos gnädig. Und du?

Gnadenlos sein, das können wir alle. Uns selbst und anderen gegenüber. Dafür brauchen wir keine Anleitung. Aber gnädig sein, das ist viel schwieriger.

Gna|de:

>> Bedeutung: eine Strafe aufheben; die Hilfe Gottes;
Sünden unverdient vergeben, helfen
>> sinnverwandte Wörter: Nachsicht, Vergebung, Gunst,
Hilfe, Rücksicht, Unterstützung, Wohlwollen, Zuspruch

Als Christen erleben wir Gottes Gnade jeden Tag. Darüber dürfen wir uns massiv freuen, Gott dafür feiern, und dann immer wieder erfahren: Seine Gnade ist so was Tolles! Die darf nicht einfach bei mir „hängen bleiben", die will aus mir heraus zu ganz vielen anderen Menschen fließen.

Also darf ich gnädig sein und anderen verzeihen. Ich darf Menschen helfen, sie trösten, wertschätzen und ihnen beistehen. Ich darf eingreifen, wo es gnadenlos zugeht, und Gottes Liebe weitergeben.

Und jetzt ganz praktisch: Wie kannst du gnädig leben?

- indem du mitfühlend mit dir selbst umgehst und dich selbst wie ein guter Freund/eine gute Freundin behandelst;
- indem du konkret jemandem Hoffnung gibst, der gerade verzweifelt ist;
- indem du jemandem, der sich selbst gerade nicht so toll findet, sagst, wie sehr Gott ihn liebt;
- indem du auf zwei Streithähne/Streithennen zugehst und für Versöhnung sorgst;

- indem du dich großzügig verhältst, wo Egoismus und Gier an der Tagesordnung sind;
- indem du dort, wo Enttäuschung, Minderwertigkeitsgefühle und Versagensängste an der Macht sind, erzählst, wie Gott die Dinge und die Menschen sieht – wie er mitfühlt und ermutigen will;
- indem du für Gerechtigkeit eintrittst, wo Not und Unrecht das Sagen haben;
- indem du Interesse an anderen zeigst und verstehen willst, warum sie sich streiten und gegeneinander abgrenzen.

Der erste Schritt könnte ein Gebet sein: „Ich will gerne immer wieder deine Gnade erleben und mich darüber freuen – und anderen gegenüber gnädig sein. Zu alldem bin ich selber letztlich zu schwach. Aber du, Gott, du bist ein Gott der Gnade. Schenke mir doch bitte einen gnädigen Blick auf mich und auf andere – und ein offenes Herz."

#dosomething

- Wo erlebst du Gottes Gnade ganz konkret? Wie kannst du das heute feiern und Gott Dafür danke sagen?
- Wie kannst du selbst gnädiger leben – dir selbst gegenüber und gegenüber anderen? Suche dir aus der Ideen-Liste oben eine Sache heraus, die du in deinem Umfeld umsetzen kannst.

Gnädig sein kostet am Anfang sicherlich Überwindung und Mut – aber dann wird's toll! Also lass dich dazu einladen, spring über deinen Schatten und fang an, gnadenlos gnädig zu leben. Es lohnt sich!

Heiko Metz arbeitet bei der Stiftung Marburger Medien, hat zwei Söhne und lernt gemeinsam mit ihnen, mitten im Alltag Gnade zu leben – anstatt Strafe, Streit und Abwertung. Auch (oder gerade) in der Familie.

#nachschlag

Lust auf noch mehr Input?

 Auf *www.christival.de* gibts Bonusandachten. Schau mal rein!

Ein Podcast zum Ankommen. Bei Gott. Und bei dir.

Gemacht wird der Podcast *Der Flügelverleih* von unserem Verlagsteam. Autorinnen und Autoren, Musikerinnen und Musiker sprechen über ihre Bücher, ihre Alben, ihr Leben und ihren Glauben. Das inspiriert. Und verleiht Flügel!

Hör gern mal vorbei!
Überall, wo es Podcasts gibt.

Der Verlag weist ausdrücklich darauf hin, dass im Text enthaltene externe Links vom Verlag nur bis zum Zeitpunkt der Buchveröffentlichung eingesehen werden konnten. Auf spätere Veränderungen hat der Verlag keinerlei Einfluss. Eine Haftung des Verlags ist daher ausgeschlossen.

Die Bibelstellen sind, soweit nicht anders angegeben, der Basis-Bibel entnommen.
BasisBibel. Neues Testament und Psalmen,
© 2012 Deutsche Bibelgesellschaft, Stuttgart

Weiterhin wurden folgende Bibelübersetzungen verwendet:
Hoffnung für alle®, Copyright © 1983, 1996, 2002, 2015 by Biblica, Inc.®.
Verwendet mit freundlicher Genehmigung des Herausgebers Fontis (Hfa)
Gute Nachricht Bibel, revidierte Fassung, durchgesehene Ausgabe,
© 2000 Deutsche Bibelgesellschaft, Stuttgart (GN)
Die Bibel nach Martin Luthers Übersetzung, revidiert 2017,
© 2016 Deutsche Bibelgesellschaft, Stuttgart (LUT 17)
Neue Genfer Übersetzung – Neues Testament und Psalmen.
© 2011 Genfer Bibelgesellschaft (NGÜ)
Das Buch. Neues Testament – übersetzt von Roland Werner,
© 2009 SCM R.Brockhaus in der SCM Verlagsgruppe GmbH, Witten (das buch)

Copyright © 2022 Gerth Medien
in der SCM Verlagsgruppe GmbH, Dillerberg 1, 35614 Asslar

1. Auflage 2022
Bestell-Nr. 817835
ISBN 978-3-95734-835-7

Umschlaggestaltung: Benita Penner
Umschlagmotiv: David J. Mitchell; Shutterstock
Lektorat: Verena Keil
Satz: Uhl + Massopust, Aalen
Druck und Verarbeitung: GGP Media GmbH, Pößneck
Printed in Germany

www.gerth.de